翙　跹　学　子

舟山市政协文化文史和学习委员会
舟山市政协港澳台侨和外事委员会　编

团结出版社

© 团结出版社，2024 年

图书在版编目（ＣＩＰ）数据

翩跹学子 / 舟山市政协文化文史和学习委员会，舟
山市政协港澳台侨和外事委员会编 . -- 北京 : 团结出版
社 , 2024. 9. ISBN 978-7-5234-1326-5

Ⅰ . K820.853.3

中国国家版本馆 CIP 数据核字第 2024CC1478 号

责任编辑：周　颐
封面设计：石　几

出　　版：团结出版社
　　　　　　（北京市东城区东皇城根南街 84 号 邮编：100006）
电　　话：（010）65228880　65244790
网　　址：http://www.tjpress.com
E-mail：zb65244790@vip.163.com
经　　销：全国新华书店
印　　装：杭州高腾印务有限公司

开　　本：710mm×1000mm　　16 开
印　　张：18　　　　　　　　字　　数：241 千字
版　　次：2024 年 9 月 第 1 版　　印　　次：2024 年 9 月 第 1 次印刷

书　　号：978-7-5234-1326-5
定　　价：98 元

舟山文史资料第三十二辑《翩跹学子》编委会名单

序　言

　　民国时期,相去未远,东海之湄,乡关舟山。翻读《翩跹学子》,九百余位民国时期游外的舟山学子在我眼前"鲜活"起来。这是一群不愿被偏远封闭、萧条落后所"捆绑",毅然外出求学,并以此来改变人生命运、家族没落、故乡萧疏的青年才俊。本书正是以这一特殊群体为对象,以记述民国时期舟山游学人士的学籍为基点,延伸记载他们的事业和人生轨迹。此书,让我们看到了改变命运的知识之力,也让我们看到了莘莘学子励志求索、创业图强的身影。商业巨子刘鸿生家族,十余位子女,个个留学成才;盘峙吕氏、北门沈氏、城西武氏、皋泄舒氏、展茅翁氏、秀山厉氏等族大批子弟入学,许多成为各业专才……他们之中涌现出院士、博士、硕士多名。他们有的回乡成为解放初期舟山建设的骨干力量,有的奔赴祖国的四面八方,有的拓趾港台、走向世界。这是一部舟山民国史料实录,也是一部舟山各姓各族血脉分派的谱录,更是一部舟山人不屈不挠的奋斗史录。

　　编者勇于挑战地方民国史料缺乏、知情人士难觅等困境,善于利用数字图书馆、近现代报刊数据库等现代技术,重点关注民国各大学校的校刊资料,并辅以人物传记、高级专家名录、旧书店所提供的同学录、毕业纪念册等。细于记述,持续数年,集腋成裘,缕分细刻,按姓排列,分条记录,详传简录,形成了以游学人物名录为基础,以游学人物传略为重点的叙述结构。这是政协系统持续开展"书香政协"的读书成果,是找寻"世界舟山人"的研究图谱,也是发挥文史资料"存史、资政、团结、育人"功能的生动案例。编者用心用情,努力还原史实,但有些已无法核实考证,错误不足在所难免,希望各方专家和读者指讹纠误,更希望初编之后还能看到续编。

　　舟山市政协支持民国史料征集开发，支持相关书刊编印出版，以弥补我市民国史研究之不足，展示舟山人民在民国历史上的浓墨重彩，进而缅怀老一辈海岛人的艰辛奋斗，团结起海内外舟山人，为加快建设现代海洋城市贡献智慧和力量。

　　是为序。

王伟

2024 年 7 月

目　录

游学人物传略

1. 丁崇吉

1860 年 4 月生,字舟益,号艒仙,英文名字 Tign Sung Kih,定海人。其父丁长绶,母亲陈氏,丁崇吉为家中第六子,是丁钦斋的弟弟。丁崇吉育有丁金生、丁梅生、丁联生、丁益生 4 子。初学于上海出洋局,同治十二年(1873)以官费留美,成为中国第二批留美幼童之一。1876 年入麻省 Holyoke 中学习文科,光绪六年(1880)进入哈佛大学。次年回国,于大沽口研究鱼雷战术四年。

丁崇吉
(1860—1942)

光绪十一年(1885),供职于上海各报任英文访员,后任海关办事员。光绪三十年(1904),署理海关监督,兼任统计科副文案,任办事科长。光绪三十四年(1908)一月,破例升任为代理副税务司,此前华人从未担任过此等职务,后正式担任上海江海关副税务司。在1884 年的中法战争中,被授予军士长军衔,又因贡献海防资金而被授予次级地方行政长官的荣誉职位。曾是上海文学和辩论会的会员、皇家亚洲学会中国分会会员、寰球中国学生联合会委员及海关华人职员俱乐部委员会委员、宁波旅沪同乡会会董。丁崇吉共在海关工作三十七年,任职至 1922 年。1927 年后,他开始经营家族企业,任上海广东路锦章号经理,主营德国礼和洋行缝衣针,同时还经营房地产、定海码头锦昌号货栈和舟山轮船公司。1942 年逝于上海,享年 82 岁,1946 年葬于定海北门外山上。

(民国《定海县志》第 3 页,《徐州师范大学学报·哲学社会科学版》2005 年第 3 期第 1 页)

留美幼童合影(左三为丁崇吉)

2. 马　瀛

1883 年生,字涯民、伯年,定海勾山金家桥人,其胞兄为京师大学堂毕业的马松年,继妻陈晓娟,育有三男三女。1901 年进入宁波储才学堂,1903 年考入上海中西书院。同年在上海明新中学任教,后在定海师范讲习所、江西广丰振育中学任教。1912 年任定海高等小学校长。1918 年,受邀为商务印书馆修订《辞源》。1922 年,在宁波甲种工业专门学校执教,后任教效实、民强、甬江女中等校。分别于 1923 年、1933 年纂修《定海县志》《鄞县通志》。1942 年在奉化中学任教,任西坞第三分部主任。1947 年任鄞县三一中学教员。1951 年为宁波市古文物陈列所撰写《天一阁记》。1952 年被选为宁波市人民委员会委员,1953 年任宁波市政协委员。1961 年出任宁波市文物管理委员会副主任,临终之际交待将大批藏书和手稿捐赠给国家,今收藏于天一阁。同年 8 月逝世,享年 79 岁,安葬于鄞县育王。

（鄞县《三一校刊》1947 年第 2 期第 51 页,《普陀县志》第 1095 页,《舟山市志》第 803 页,《昌国文博》第 141 页,《天一阁文丛》第 10 期第 156 页）

图为马瀛主编的《国学概论》《破音字举例》封面

3．马延绪

曾用名马綖绪,1924 年 5 月生,定海人。1934 年至 1939 年就读于私立舟山初级中学。1946 年毕业于震旦大学电机系和数理系,曾先后任上海法商电车电灯公司电力处技术室主任、教授级高级工程师,震旦大学电机系兼任教授,上海市沪南水电交通公司电力处总工程师,华东电业管理局（中国华东电力联合公司本部）生产技术处副处长、总工程师,全国大电机专业委员会委员,上海市退（离）休高级专家协会电力电气组组长和 1953 年至 1966 年上海卢湾、黄浦区第一至六届人大代表等职。擅长高电压技术,1952年起发明了不接地电力系统保护装置、消除发电机三角形结线的定子绕组、复合式有载分接开关,革新用气密性薄膜对主变压器、超高压互感器保护,在全国电力行业推广。曾因其发明而荣获1986年第二届全国发明展览会金牌奖、1988年北京国际发明展览会银牌奖、1985年国家科学技术进步三等奖和两项国家专利。发明成果应邀在比利时召开的国际供电会议上展出并作专题介绍,获国内外高度评价。曾七次荣获全国和上海市电力系统劳动模范、先进工作者、科技精英等称号。1986年和1992年又荣获全国优秀科技工作者称号、全国"五一"劳动奖章和国务院颁发的突出贡献者证书及特殊津贴。

(《中国电力人物志》第13页,1995年《中国大百科专家人物传集》,《中国发明家大辞典》第15页,《天南海北舟中人》,《上海高级专家名录 第二卷》第778页)

4. 王启宇 王福元

王启宇,字志正,1883年生,祖籍定海白泉,父王晋侯。上海圣约翰大学肄业。曾在上海塘山路租地建厂,兴办实业。1913年合办达丰染织厂,先后在上海、南通、常熟创办振泰丝厂、宝兴丝厂、达记织布厂等,后合办泰山保险公司,投资舟山轮船公司、兴业钢铁厂、中华劝业银行等。1950年移居香港,创办香港纱厂。曾捐建定海中学。

(《舟山人在世界各地》第9页,《舟山文史资料 第一辑》第110页,《舟山历史名人谱》第231页)

王启宇
(1833—1965)

王福元,1917年6月生,祖籍定海白泉,出生于上海,是王启宇的儿子,育有王培蒂、王培尔二女。从杭州之江大学高中部考入燕京大学,因中日战争爆发,转学到上海圣约翰大学经济系,获文学学士。毕业后进入大纬织造厂工作,执管达丰染织厂,曾任上海染织同业公会负责人。后在香港经营怡泰制衣厂,获得"雪褛专家"称号。1965年经营福基制衣有限公司,1975年创办新加坡福新制衣有限公司。1978年,在美国建"FERA"国际公司。1982年捐建家乡教育事业。2001年7月被授予"舟山荣誉市民"称号。2009年5月去世。

（《舟山人在世界各地》第9页,《上海圣约翰大学(1879—1952)》第470页,《舟山文史资料 第一辑》第132页,《舟山历史名人谱》第329页）

王福元
(1917—2009)

5.王亚璋

　　曾用名王志渊、王芝宇,1902年生,定海人,出生于上海。20世纪20年代初毕业于宁波女子师范学校,1923年回到定海县立女子小学任教。1924年进入上海大学补习班读书。1925年1月,加入中国共产党,在上海总工会负责女工工作,曾发动女工参加五卅运动。1926年5月当选为全国总工会执委。1926年6月至1927年1月任上海总工会丝厂总工会委员长。1927年任中共湖北省委妇女委

王亚璋
(1902—1990)

员会委员、省总工会女工运动委员会主任。1927年4月参加中共五次党代会,被选为中央委员会候补委员。1927年7月武汉发生反革命政变后,同爱人中山人菲律宾归侨李炳祥前往菲律宾,继续从事革命活动,曾在马尼拉华侨第一女子学校任教。抗日战争时期,在菲律宾参加华侨抗日游击支队,负责日本俘虏的教育工作,并

担任中国妇女抗日慰劳会菲律宾分会组织部副主任。1946年随菲律宾华侨党组织撤往香港。1949年3月奉调回国后,在中央统战部第二处工作。1949年11月出席亚澳妇女代表大会。1951年4月调至中共中央对外联络部从事外事、教育和组织工作。1990年2月14日在北京因病逝世。

（《中国共产党第一至第六次全国代表大会代表名录（增订本）》第196页,《古今中外女名人辞典》第425页,《东海铁流》第2页）

6. 王继能

1905年生,定海登步岛人。宁波甲种商校毕业,后任登步乡长、六桃守备区主任,定海县国民兵团抗敌自卫第四大队大队长,参加过抗日战争。曾担任县参议员、省府代表、三门县县长、浙东行署兼三门地区纵队司令。1942年10月参加"里斯本丸"沉没英军战俘的营救和转运。1950年携两子定南、定国和夫人前往台湾,任台北市状元楼明园经理、台北市舟山同乡会常务监事。1990年去世。

王继能
（1905—1990）

（《故王继能先生生平事略》,《悼王继能先生》,《抗战时期救援英俘追记》,《瀛海同舟》第407页,《舟山文史资料 第一辑》第187页）

7. 萧　群

原名王德根,1930年9月生,原籍浙江定海,原为泰国曼谷华侨,出生后回到祖国。父亲为旅泰江浙会馆理事长王明福。1935年至1944年先后在舟山中学、昌国中学读书。1944年至1947年在定海和奉化从事党的地下活动。1947年上半年在奉化中学发动并领导了进步学生运动，造成比较大的政治影响。1947年加入中国共产党，1948年任浙东江南武工队队长，活动于镇海、宁波、奉化等江南地区，在敌后开展了艰苦的武装斗争。1949年转移到天台山区打游击战，担任主力部队的政治指导员，多次率部参加战斗，为解放台州地区作出了贡献。进入城市后，历任浙江台州军分区、陆军105师、海军防空兵部队的政治指导员、干部助理员等职。1950年转业到地方工作，曾任浙江温州化工厂生产办公室主任、温州汽车大修厂书记、温州地区重工业局局长及党组书记。1975年任浙江省燃料化工学校党委书记。1975年底开始，任宁波港建设指挥部工程办公室机关党委书记，北仑港建设指挥部计划处长、安装办公室兼外事办公室主任。1981年至1990年担任北仑港埠公司党委书记。1991年任宁波港务局顾问，1993年离休。萧群是宁波市政协第八届常务委员、第九届委员，宁波市侨联第四、五届副主席，宁波市海外联谊会理事，宁波市新四军研究会理事，舟山市"开发海洋，振兴舟山"促进会宁波联谊会会长，宁波北仑船务公司名誉董事长，舟山东海学院顾问。多次当选为宁波市、镇海县和北仑区的人民代表。1992年被评定为高级政工师，被《浙江日报》誉为"建港先驱"。发表过多篇政论性文章。

（《天南海北舟中人》，《舟山人在海内外　第一辑》第79页）

萧　群
(1930—2023)

8. 王祖康

1937年5月生,舟山普陀人,高级经济师、工程师。1950年毕业于上海电机制造专科学校,后又进修于哈尔滨工业大学电机系。1961年至1980年先后在国家经济委员会、国家计划委员会从事工业经济管理和国民经济计划工作。1980年至1988年在上海市计划委员会工作,历任副处长、处长、副秘书长、副主任,并兼任上海市计划经济研究所所长。1988年调任上海市对外经济贸易委员会副主任,后任主任,兼任上海市外国投资工作委员会主任。1994年11月退职后,担任东方国际集团董事长。2003年2月退休后,又任上海国际贸易学会会长、上海世界经济学会会长等职。曾发表过《工业企业经济核算的若干理论问题和实践问题》《关于计划经济体制改革问题》等论文;主编过《上海农村社会经济》《上海外贸四十年》等著作。

(《沈家门一小校友介绍》,《新民晚报》2021年11月4日,《中华儿女(海外版)》1999年第7期第20页)

王祖康
(1937—   )

9. 王自强

1938 年 11 月生，籍贯定海，出生于上海。固体力学家，中国科学院院士，中国科学院力学研究所研究员。1945 年在上海上小学，1958 年完成初中和高中学业，同年考入中国科学技术大学，1963 年 2 月毕业于近代力学系。1986 年起任中国科学院力学研究所研究员。1981 年 3 月至 2000 年 9 月先后任英国谢菲尔德大学(University of Sheffield)高级访问学者、美国布朗大学工学院访问教授、法国国立路桥学校大学材料研究设计中心访问教授、瑞典卢勒奥技术大

王自强
(1938—　)

学固体力学系访问教授、新加坡国立大学工程研究所访问教授。长期从事固体力学方面的研究工作，开展了弹性稳定理论、断裂力学、塑性应变梯度理论、细观力学等方面的研究。发表学术论著 191 篇(册)，其中 SCI 收录 101 篇，EI 收录 90 篇，美国科学引文索引(SCI)记载了735 次。编著专著 3 部，其代表论著有《理性力学基础》《高等断裂力学》《塑性细观力学》等。已培养了博士后、博士研究生及硕士研究生25 名。曾任中国科学院力学研究所非线性力学国家重点实验室第八届学术委员会委员、中国力学学会第十一届理事会名誉理事，是《力学学报》等学术杂志的主编。2009 年当选为中国科学院院士。

(《中国科学(技术科学)》2019 年第 10 期第 1120 页，《中国科学院学部 院士信息》，《中国科学院力学研究所 院士风采》)

10. 毛　起

1899 年生，学名宗翰，小字禹州，学字无止，定海大衢岛斗下毛家人。祖父经营毛顺利店，其父毛虞卿，长兄毛莱洲，妻杨梅仙、戴

梅松(法国籍),有二子凤仪、凤仔,三孙尔望、尔一、尔戟。六岁进入私塾学习,1915 年考入宁波效实中学,1919 年升入上海圣约翰大学攻读哲学,1923 年毕业取得文学学士学位。因受卜舫济校长的青睐,1924 年毕业后就保送至美国的哥伦比亚大学深造。为了更好地研究欧洲哲学,特别是柏格森的学说,次年转至法国巴黎大学学习。1925 年至 1928 年攻读硕士学位。1928 年因奔母丧回国,留学中断。回乡期间,他曾建议创建敬业小学,邀亲朋好友集资组建东海轮船公司改善海岛交通。1930 年任广州中山大学教授。1933 至 1934 年任杭州西湖博物馆历史文化部主任。此后至 1937 年,任浙江大学教授。1937 年赴法国参加第九届国际哲学会议,他在会上宣读了论文《历史科学的直观》(*L'immédiat dans les sciences historiques*,载《第九届国际哲学会议论文集》),为会上唯一发表论文的中国人。1935 年完成了《春秋总论初稿》,1936 年完成了《诸子论二集》。"七七事变"后携全家离开杭州,避入上海租界后,只身一人奔赴大后方,半路因病折回,后受聘于暨南大学。1941 年 12 月日本侵略者进占上海租界,暨南大学停办,为躲避敌伪请用,毛起毅然回到大衢,一心研读《论语》,撰写《论语章句》初稿。抗战胜利后,复任浙江大学教授。1948 年 8 月,应第十届国际哲学会议邀请,寄去《孔子学说的两个基本原则》一文(载《第十届国际哲学会议论文集》)。次年任复旦大学教授,1952 年转入南京大学外文系任教。1960 年重新整理《论语章句》并自序,1961 年8 月病逝。2009 年 12 月,书稿经毛起的两个儿子稍作整理后,由南京大学出版社出版发行。

(《舟山日报》2010 年 4 月 1 日、2020 年 8 月 9 日,《上海圣约翰大学(1879—1952)》第 454 页,《宁波效实中学校庆 1918 级》,《约翰年刊》1923 年第 170 页,《浙农通讯》1937 年第 6 期第 19 页,《国立浙江大学日刊》1937 年 6 月 11 日,《岱山文史资料 第 3 辑》第 35页,《舟山市志》第 803 页)

毛起取得上海圣约翰大学学士学位

11. 方壮猷

　　1882 年生,名聘三,以字行,金塘大丰新建村五份头人,其父方雪舲。清宣统元年拔贡,民国初毕业于浙江省政法学堂。1911 年镇海光复,军政支部特请方壮猷任司法管理,专理民刑事件。1912年,先后担任浙江省临时议会议员,吴兴地方审判厅厅长,浙江高等审判厅推事,第一高等审判分厅(温州)推事,广东高等审判厅民事庭长,杭县、永嘉地方审判厅推事及嘉兴、余杭县政府秘书,浙江省民政厅科长等职,并两度出任杭州市政府秘书长。1935 年 5 月至 1937 年 7 月任武康县县长。1937 年 12 月,日本侵略军占领杭州、武康,方壮猷避居莫干山,与美国教会一起组织难民救济机构,参与安排救济难民和募捐等工作。后因日军命其出任伪杭州市市长,他不愿事敌,于是举家绕道回金塘老家。在乡期间,积极参与当地的公益事业,发挥其社会影响,帮助解决乡间纠纷。

　　(《金塘志》第 534 页,民国《定海县志·选举志》,《昌国文博》第 147 页、第 149 页)

12. 方宪章

又名嘉新,1920 年 1 月生,金塘大丰镇新建村五份头人,是方壮猷的儿子。1937 年在杭州蕙兰中学高中秋始二年级乙班就读。1939 年 10 月考入浙江大学农学院农艺系,就读于龙泉分校,1943 年毕业。1949 年前曾任余杭县农业推广所农林场长,钱塘江海塘工程局农场管理员。1950 年起在浙江省农业科学院工作,历任副场长、农技师、副研究员、副所长、研究员、技术顾问、省政府经济咨询委员等职,后任中国作物学会理事、中国水稻所学术委员、省农学会常务理事、顾问,省国土经济研究会常务理事。工作期间还担任《中国农业百科全书·作物卷》水稻部分主编助理,《中国稻作学》统稿、定稿组成员,《浙江省农业综合区划》编写组副组长。参加《中国农业发展战略若干问题》研究,获全国农业区划一等奖,《浙江省耕作制度调查研究》获省科技大会一等奖。编写《杂交水稻技术问答》一书,获浙江省科普作品一等奖、全国新长征优秀科普作品二等奖。方宪章被评为全国农业区划先进工作者,享受政府特殊津贴。

(《金塘志》第 534 页,《蕙兰》1937 年第 290 页,《国立浙江大学龙泉分校史料》第 183 页)

13. 方庆唐

1925 年 6 月生,定海人。1939 年,从舟山中学初中毕业后到上海继续求学。1945 年 9 月(年刊记为 1946 年),从上海沪江大学物理系毕业。1946 年起进入杭州电汽公司工作。虽工作单位几经撤销、合并、易名,但方庆唐一直在浙江电力部门工作,从工务练习员、助理工程师、工程师到教授级工程师。1986 年在浙江省电力工业局退休,退休后续聘为技术顾问,长期从事电力网建设工作,为工程主要负责人之一。新中国成立前从事杭州市区域网整顿、改造、建设及运行工作。1949 年至 1958 年从事杭州及邻近地区(余杭、海宁、嘉兴、萧山、绍兴)电网规划设计、施工及初期投运工作。主持建成全省第一个 35 千伏电力网工程,是全国农村电气化四个试点工程之一，受到政府嘉奖，被杭州市人民政府评为市先进生产（工作）者。1960年，新安江电厂建成发电，方庆唐主持110千伏永宁变电所工程设计、施工投运技术工作。至1983年1月全省联网完成，建成了全省统一的以220千伏电压为主的高压电力网。1986年参与华东地区超高压（550千伏）电网建设，方庆唐负责的浙江段工程建成投产。

（《天南海北舟中人》，《沪江年刊》1947年第227页）

14. 甘 迈

又名甘人纲，1915年1月生，定海人。1922年就读于定海公学附小。1928年至1933年，在无锡、汉口、上海等地当学徒、工厂工人。1934年在上海加入左翼作家联盟和共青团，进行地下工作。1937年，进入延安抗日军政大学学习，毕业后在豫东地区统战部队任职。1938年至1945年，任新四军第五师十三旅参谋、科长，中原抗大分校队长、大队长及中原军区警卫部参谋长等职。1946年中原突围，甘迈赴东北军区任第四纵队（后为四十一军）团参谋长，军司令部作战科长，曾参加辽沈、平津等战役。1950年至1964年，先后任中国驻印度、尼泊尔、刚果（布）大使馆正、副武官及政务参赞。1965年任抗美援越运输办公室主任。1971年任总参二部七局政委、总参外事局副局长等职。1981年12月离休。

（《天南海北舟中人》，《新四军人物志（下集）》第50页，《舟山人在海内外 第一辑》第19页）

15. 厉汝燕

1888年生，英文名 ZeeYee Lee 或 ZeeHee Lee，即菲利普，字翼之，定海人，厉玉夔长子，厉汝熊之兄，母亲慈溪为赵立诚三女。毕业于南洋大学，1905年留学英国，考入伦敦纳生布敦工业学校，1909年毕业。1911年考取飞机师证书，在英国布里斯托飞机制造厂工作。同年底，厉汝燕带两架"鸽式飞机"回国，任航空学校教员、南苑航校主任教官，后为中央航校副主任、航空局局长，1924年为陆军少将，后转业至杭州自来水公司。著有《航空学大意》《世界航空之进化》等书。1944 年,厉汝燕因病逝世,享年 56 岁。

（《飞行家厉汝燕从欧洲带回两架飞机,开创了中国空军历史》,《舟山市志》第 797 页,厉玉夔珠卷,《南洋大学 30 周年纪念校友录》1926 年第 168 页）

厉汝燕(右二)与外国人的合影

16. 厉雪帆　厉始一　厉始奂

厉雪帆,谱名齐锷,字潜仙,约 1904 年生,定海人。15 岁进入澄衷学校初中一年级乙级学习,1922 年 7 月旧制中学四年级毕业,同年进入上海文生氏英文高等学校,1923 年肄业。

（《澄衷中学己未四年级学生艺业》第 92 页,《澄衷》1921 年 1 期第 124 页、1922 年 2 期第 73 页、1923 年 4 期第 106 页,《澄衷校史资料(第一卷)》第 223 页）

厉始一,1928 年生,定海人,秀山厉氏四房,曾祖为厉炳华,其父亲为齐锷(字雪帆),儿子为厉幼明,孙子为厉声啸。1947 年春,由苏州乐群中学考入浙江之江大学土木工程系。后被保送到华东人民革命大学,之后又进入大连大学俄语专修班学习,毕业后供职于空军航校。副师级干部离休。

（《之江大学同学录》1947 年春第 45 页,舟山妇联《厉家家风,秀山岛的一个文化"地标"》,《兰秀厉氏宗谱》第 50 页）

厉始奂，1935 年 2 月生，定海人，厉雪帆次子。1947 年，从定海县立初级中学毕业，考入北京大学历史系。1951 年起在舟山中学任教，长期从事历史教学，被评为浙江省历史特级教师，曾任舟山中学党总支部副书记。

（舟山妇联《厉家家风，秀山岛的一个文化"地标"》，《兰秀厉氏宗谱》第 50 页，《定海县立初级中学学生学籍册 1947 年度》）

17. 厉始学

字仲道，1897 年生，定海人，秀山厉氏四房，厉齐庆次子，有一个儿子厉家俊。1917 年从南洋公学四年级甲班毕业，1912 年至 1915 年在上海邮传部高等商船学堂、吴淞商船学校驾驶预科班学习。1920 年，23 岁的厉始学从上海交通部工业专门学校民九级铁道管理科甲等毕业，在胶济路青岛材料所实习，任办事员。毕业后由交通部分配至津浦铁路管理局。1933 年 9 月，调赴粤汉路株韶段工务课电务股主任，住在衡阳。1935 年，兼任株韶工程局衡州材料厂主任。1926 年曾为母校工业馆建造捐款。

（《吴淞商船专科学校同学录》2006 年第 5 页，《南洋旬刊》1926 年 1 卷 9 期第 8 页，《南洋友声》1931 年第 14 期第 16 页、1934 年第 30 期第 18 页，《交通部上海工业专门学校——南洋公学二十周年纪念》第 67 页，《定海县志·选举志》，《南洋大学 30 周年纪念校友录》第 168 页、第 200 页、第 209 页，《兰秀厉氏宗谱》第 50 页，《胶济日刊》1933 年第 833 期第 1 页，《政府公报》1921 年 2 月第 1785 号第 26 页）

18. 叶宗轼

1930 年 10 月生，定海六横滚龙岙人。1948 年 7 月从舟山中学初中毕业，同年考入宁波高级工业职业学校。1949 年 10 月家乡解放后，先后任乡、区中心小学校长长达 7 年，1956 年考入杭州大学中文系学习，1980 年 7 月到普陀文化馆任创作员。1984 年 5 月，调任市文联《海中洲》文学期刊副主编、市作协主席。1991 年退休。

其著作《海洋上捕鱼人》《好玩的沙滩》《小鱼和小螺》均由上海少年儿童出版社出版。长篇儿童小说《海岛窝里》1982年由浙江少儿出版社出版。中篇小说集《海边人家》1983年由浙江文艺出版社出版。1990年海峡文艺出版社出版了长篇小说《泣血流年》。1997年天马图书出版公司出版了长篇报告文学《南海观音》。1999年中国文联出版公司出版了其长篇小说《清波浊浪》和《船神》。1951年荣获宁波地区优秀教师称号。

叶宗轼
(1930—2017)

1985年获"当代文学奖"。1984年至1985年,叶宗轼的作品连续获省优秀中篇小说奖,并多次获市优秀文学奖。

（《天南海北舟中人》,定海县立中学1948级级友会《正风刊》第23页）

19. 白苹洲

笔名白鸿、北海、木口,女,1906年3月生,定海城关竺家弄白信房人,中共党员。1927年7月,白苹洲从定海女中初中毕业,到萧山任农村小学教员。一年后前往广州,考入黄花岗执信女中读高一,半年后到中山大学高中旁听。高中期间,参加"苏维埃之友社",在校刊上发表短篇小说。后考入国立法科学院,在《广州日报》和香港工商杂志上发表过抗日进步小说。大学毕业获法律学士学位,毕业后到韶关孤儿院教孤儿上课。白苹洲利用空余时间学习资本论,组织当地师生到公园开三八妇女大会,编发妇女周刊。抗日战争开始,到广州参加各种抗日文艺座谈会和郭沫若、夏衍等举办的报告大会。广州沦陷前,白苹洲流浪到泰国曼谷集英女校执教,在《华侨日报》上发表抗日文章。后经曼谷华侨总商会介绍,于1940年9月到达延安,先后在延安行政学院、延安大学、边区政府民政厅研究室学习、工作。参加边区政府第一届人民代表大会及筹备工作,参加大生产及整风运动。后到王家坪军委编译局外语学校学习英文,抗日战争胜利后,白苹洲到张家口《晋察冀日报》当编辑,业余时间翻译反法西斯短篇小说,在北斗刊物上发表。从张家口撤退后,调到阜平冀晋分行工作,石家庄解放后调到人民银行总行,主编《银行月刊》。北京解放后,白苹洲在总行研究资料编辑科任科长,后调到华东区银行计划处,主编《外汇制度》,并先后任监察室主任、私人业务局综合科长、办公厅副主任兼区行党总支副书记、华东财委统计局金融组秘书。后又调回北京任中国人民银行总行印制局监察室主任、计划局统计处长、研究所办公室主任兼支部副书记、国际金融处长。工作期间翻译了南斯拉夫银行法、美国货币政策理论等内容,并合译汇丰银行、花旗银行档案资料。1982年离休后,继续翻译美国货币政策等资料供大众参考。

（《天南海北舟中人》,《定海女中校刊》1932年第267页,《舟山人在海内外 第一辑》第22页）

20. 白汉熙

1914年生,定海城关人。1923年至1925年曾在定海中学附属小学及中学求学。1937年,从浙江大学农化系毕业后留校任教。1944年任四川内江酒精厂副总工程师。1946年,前往台湾省任台湾糖业试验发酵化学室主任兼"成功大学""东海大学"化工系教授。1962年至1981年,任新加坡联邦化学公司、新加坡华昌集团研究发展部主任及厂长等职。曾为台湾糖业公司创建台湾第一家维生素发酵工厂,并设计建设世界四大食品用酵母

白汉熙毕业照

工厂,该酵母繁殖设施为世界最有效的繁殖设施之一,被命名为"汉熙式"酵母繁殖槽,并获得发明专利。白汉熙曾任国际生物化学联合会委员,1987年回乡探亲,为家乡捐赠图书。

（《舟山人在世界各地》第 20 页，《宁波帮大辞典》第 89 页，《浙农通讯》1937 年 9 期第 23 页，《天南海北舟中人 第四辑》第 341页，《定中一览校刊学生名册》）

21. 乐　群

原名嗣暄、时暄，1921 年 4 月生，定海人。1934 年 8 月，从舟山中学附属小学毕业后，在舟山中学读书至 1936 年。1936 年 2 月参加革命工作，1939 年 1 月加入中国共产党。乐群曾先后在陕北公学分校、陕北公学高级班、中共中央组织部训练班学习，后历任文化教员、新四军六支队四纵教育股长、新四军九旅《奋斗报》主编，淮海区运河特区干部学校教导主任，浙西地委秘书、宣传科长，华东野战军一纵队政治部教育科长、宣传部副部长，二十军政治部宣教部部长。参加抗美援朝，乐群任志愿军九兵团政治部宣教部副部长，总政治部宣传部助理员、总政治部宣传部干教处副处长、处长回国后任河南省军区政治部副主任，武汉军区军政干校科研部政工教研室主任，南京政治学校训练部副部长、部长，南京政治学校顾问。1985 年 7 月离职休养。1952 年获朝鲜民主主义人民共和国三级国旗勋章，1988 年 9 月被授予二级红星功勋荣誉章。1994 年 2 月逝世。

（《天南海北舟中人》，《舟中暨附小级纪念刊学生名册》1934 年）

22. 吕建康　吕建成　吕建明　吕建德　吕维松　吕维梅　吕维柏　吕维雪

吕建康，1911 年生，定海人，吕子卿长子，妻子赵聿致，育有六女一男，长女吕舜玲，独子吕政范。1924 年就读于定海公学中学部，11 岁转学至上海光华附属中学。曾创办华东钉厂及香港南华五金工厂等，任上海市电工器材工业同业公会理事、中原电话器材制造厂总经理，参与创办香港长城电影制片厂。抗日战争时期，曾捐赠物资支援抗战。1946 年接任定海南郊小学董事长。1948 年移居加拿大,开设格兰轮船公司,任董事长。在香港从事进出口贸易,业务发展到新加坡、马来西亚。20世纪50年代初曾向国家捐赠万吨轮两艘。1985年,吕建康与夫人为定海城关中心小学沈毅校长基金会捐款。1991年于上海病逝。

（《光华大学四明同学会特刊》1934年第31页,《舟山历史名人谱》第206页,《近代上海甬籍名人实录》第70页,《舟山侨界人文史迹一》第137页,《定海县志》第685页,《舟山文史资料 第二辑》第135页,《岁月悠悠：吕维松传记》）

19

吕建成,1918年生,吕建康二弟。上海光华附中毕业,后与大哥一起继承了父亲一座规模较大的制钉厂,开办为外国人服务的洗衣店。吕建成熟悉无线电技术,为洗染店增加了制造和出售无线电零部件的业务。抗日战争胜利后,吕建成将全部资本转移到香港,从事进出口贸易工作,并将业务发展到新加坡、马来西亚等地。

（《舟山历史名人谱》第206页,《岁月悠悠：吕维松传记》）

吕建明,小名爱堂,1922年生,吕建康三弟,妻子吴佩芬,育有二女,分别定居尼日利亚和美国旧金山。吕建明先后毕业于上海光明小学、光华附中。后考入上海交通大学机械系。二年级时因生活所迫辍学,进入吕建康的外贸公司工作。曾赴美国工厂考察,了解拨号电话机的制造工艺。后在上海晋隆电话厂担任副厂长兼总工程师,设计制作了点焊机,加快了电话机机壳的焊接速度。1949年后,迁居香港,加入吕建康的公司,曾到马来西亚开办纺织厂,主持新加坡和马来西亚的纺织厂工作。

（《岁月悠悠：吕维松传记》,《华夏婚书婚俗》第17页）

吕建德,小名锦堂,1924年生,定海盘峙岛长坑人,父亲吕子卿,母朱秀卿,为家中第四子。1934年就读于光华大学附中。毕业后,考入上海大同大学电机系,学习一年后辍学,在上海帮助长兄吕建康制造和出售无线电零部件,开展进出口贸易。1950年赴大别山参军,成为军中著名的雷达专家。退休后,常住广州。

（《光华大学四明同学会特刊》1934年12月,《从盘峙岛走出的爱国实业家吕建康》,《岁月悠悠：吕维松传记》）

中體聯小球賽光華附中錦標隊廿五年

江　清（教練）　金明如　魏采唐　蔦守態　吕建德　黃國安　姜靜南（指海）
金純如　盧潤民　王達仁　溫哈健（隊長）　陳　繁　鄭國祺

光华附中合影（后排右三为吕建德）

　　吕维松，小名松堂，1926 年 10 月生，定海盘峙人，出生于上海。父亲吕子卿，母亲朱秀卿。吕维松是吕建康五弟，妻子陆洁是黑龙江巴彦人，女儿吕丹是医学硕士，儿子吕昕是博士。1932 年至 1938 年先后在上海光明小学、沪光小学、觉民小学、沪江中小学读书。1932 年曾避难定海，在定海小学借读了两个月。初中就读于光华附中。高中先后就读于乐群中学和南洋模范中学，1944 年 9 月考入上海交通大学电机工程系。1947 年当选学校电联社社长，1948 年夏毕业，曾为新四军司令部秘密组装两台无线电台。1948 年 8 月到清华大学电机系任助教。1948 年底赴东北解放区参加革命。1949 年到东北本溪煤铁公司工作，先后任技术员、电务科长、土建工程队副队长。1951 年 9 月到 1953 年底留学苏联，在苏联钢铁工厂和研究院实习，担任电气组小组长。回国后到北京钢铁设计院任电力科副科长。1954 年正式成为中共党员。1956 年到包头钢铁设计院，任电子科科长、副总工程师。1963 年主持发明频敏变阻器，获国家发明二等奖，后又发明交直流双机驱动中小型无套连轧技术,获国家发明三等奖。1979 年 9 月调至冶金部北京自动化研究所,任副所长,后晋升为副总工程师。1986 年秋参加了宝钢集团同卢森堡 P&W 公司引进无料钟炉顶的谈判。1989 年离休。1991 年享受国务院特殊津贴。著有《差动调速连轧技术》一书,曾编写自传《岁月悠悠:吕维松传记》。

(《岁月悠悠:吕维松传记》)

吕家兄弟八十年代在香港照的照片
(自左向右吕维松、吕维雪、吕维梅、吕维柏、吕建成、吕建明)

吕维梅,小名梅堂,1927 年生,吕建康六弟。先后从上海觉民小学、沪光中学毕业,后考入上海大同大学土木建筑系。毕业后在浙江大学建筑设计研究院工作,承担了戚墅堰机车车辆厂建设中的多项工厂厂房等项目的设计和建设时的技术指导工作,发表有关新型水泥密封防水剂、建筑加层设计、井字梁计算实用图表等多篇学术论文,是知名高级建筑工程师。

(《岁月悠悠:吕维松传记》,《住宅科技》1986 年 6 期第 24 页,《建筑结构》1988 年 5 期第 28 页)

吕维柏,小名柏堂,1928 年 10 月生,吕建康七弟。曾先后从上海觉民小学、沪光中学毕业。1947 年考入上海同济大学医学院，1950年9月14日加入中国共产党，1955年2月从武汉中南同济医学院毕业。1955年12月至1958年8月毕业于中国中医研究院第一届西医学习中医班，毕业时获卫生部颁发的金质奖章。后来长期在中国中医研究院西苑医院内科，传染病研究室、基础研究室工作，1980年后调任西苑医院中心实验室副主任、院科研处处长、中国中西医结合学会秘书长。1985年7月晋升为主任医师。1988年赴坦桑尼亚任专家组长，从事艾

吕维柏
（1928—2019）

滋病临床研究工作，并任国家科委"八五"国家科技攻关计划重点"中医治疗艾滋病"的课题组组长，曾获中国环球艾滋病基金会的"小西奖"。曾任国家预防和控制艾滋病专家委员会委员，中国性病艾滋病防治协会理事，中国中西医结合学会常务理事。1992年10月调入中国中医科学院中医基础理论研究所，任艾滋病研究室主任。著作有《中医理论概说》《艾滋病中西医防治学》《中医治疗研究艾滋病实践论文汇编》，多篇中医药治疗艾滋病的学术论文在国际学术会议上发表，是我国著名中医研究学者。1995年离休。

（《岁月悠悠：吕维松传记》，《中国中西医结合杂志》2019年第6期第655页，《中南同济医学院1954结业纪念册》）

吕维雪，1930年1月生于上海，祖籍定海，吕子卿第八子，儿子吕彬。先在上海工部局小学读书，后就读于上海圣约翰中学，1951年毕业于浙江大学机械系。1953年加入中国共产党。1955年至1958年赴苏联留学。回国后，历任浙江大学教授、博士生导师、研究生院院长、副校长，国务院学位委员会第一、二届学科评议组成员，卫生部技术顾问，中国电子学会生物电子学会第一届副主任。早年从事数

吕维雪
（1930—2001）

控机床及自动加工线的研究,1977年创办生物医学工程与仪器专业,指导完成体表电位系统、微血管血压检测系统、自动跟踪显微镜、间接动态血压监视系统等研究。编著有《机床的数字程序控制》《曲线数字程序控制系统的设计》《微处理机系统的设计开发与应用》等。培养了博士生和硕士生近200名。享受国务院特殊津贴。2001年3月病逝。

（《岁月悠悠：吕维松传记》《吕维雪：躬自厚而不折后生》）

23. 朱海帆

1911年出生,定海人,著名农业专家。1931年9月考入南京国立中央大学,并加入宁波旅沪同乡会。1935年1月,从南京国立中央大学农学院农业化学系毕业,被授予农学学士学位。同年供职于中央棉产改进所,开展酸度与盐分对于棉籽(美棉)发芽及幼苗生长影响的研究。1937年《中国棉区之土壤》一书发表,成为我国农业领域重要的基础研究,广泛为农技界引

朱海帆旧照

用。1938年进入中央农业实验所,任土壤肥料研究人员,翻译英国化学家利查逊的《生长定律与产量曲线对土壤肥力与施肥的关系》,被经济部聘为技士。1944年得到英商卜内门公司的帮助,受派赴英国留学并实习,为期2年。留学期间协助朱树屏编撰《东方副刊》。1945年12月编撰《台湾省重要农作物之肥料反应曲线》。1946年指导鄂北开办棉花试验场。1948年2月当选中国土壤学会理事。1949年10月随农复会从成都转去台湾。1951年参加台湾"农复会"绿肥与覆盖作物研究。1963年完成美国专家里恩《土壤学》的翻译工作,作为台湾地区大学用书。1970年任亚洲太平洋理事会粮食肥料中心主任。著有《土壤肥料学之新进展》《棉作施肥浅说》《中国棉区土壤问题检讨》等。1989年8月尚在世。

（《"国立中央大学"24级毕业纪念刊》第203页,《宁波旅沪同

乡会月刊》1934 年第 127 期第 15 页,《浙江教育》1936 年 4 期第
170 页,《中华农学会通讯》1944 年第 40 期第 10 页,《经济部公报》
1938 年 5 期第 192 页,《农场管理学》第 39 页,《沈宗瀚自述下》第
359 页,《"行政院国际经济合作发展委员会"时期大事记》李国鼎档
案 1970 年,《台湾"土改"的前前后后》第 209 页)

24. 朱关珍

　　女,1929 年 10 月出生于上海,祖籍
定海,教授,硕士生导师。早年在上海私
塾读书,1954 年毕业于上海第二医学院
医疗系,毕业后到仁济医院实习一年,
1955 年 11 月起在上海医科大学妇产科
医院工作。曾任上海医科大学妇产科医
院院长,享受政府特殊津贴,1967 和
1977 年两次医疗援助非洲索马里和多
哥。曾任《中国实用妇科与产科》杂志顾
问和编委、《实用妇产科杂志》编委、《现
代妇产科进展》编委,上海生物医学工程

朱关珍

(1929—)

学会妇产科专业委员会副主任委员。医
疗专长妇科疑难杂症、妇科肿瘤、不孕症、子宫内膜异位症、月经
失调等内分泌疾病、各种炎性疾病、生殖道畸形、体外受精、胚胎
移植等。

　　(《复旦大学百年志》第 1344 页,《红房子 130 年》第 190 页,《上
海高级专家名录　第三卷》第 208 页)

25. 刘宝余　刘湘云

　　刘宝余,1876 年生,定海城关竺家弄人,刘东锋的儿子。早
年肄业于上海圣约翰大学,因参加学潮被除名。精通英语,曾在
外资公司任职。1920 年赴德国考察工业,激发其引进科技、兴办

工业以及迫切需要培养人才的思考。后与人合股创办水泥厂、草帽厂及软管厂等，并投资矿产开发。致力于教育事业，是舟山中小学教育创办人之一，1923年担任定海中学副董事长。育有子女6人。

（《刘家大屋出来的儿科医学大家》，《昌国文博》第153页，《定海中学校刊 教师名册》1923年）

刘湘云，1920年12月生，女，定海人，出生于上海，是刘宝余的小女儿。上海医科大学儿科学教授，博士生导师。1958年加入中国共产党。1927年至1936年在上海清心女子中小学校求学。1936年至1938年到上海同济大学附中求学。1938年至1939年在上海培成女子中小学求学。1945年毕业于国立上海医学院医疗系（六年制）。历任上海第一医学院儿科教研室主任，儿科研究所所长，儿科医院院长。曾任中华儿科学会副主任，《中华儿科杂志》主编，上海市营养学会副理事长，世界卫生组织妇幼卫生专家咨询委员会委员，中国儿童发展中心专家委员会常务委员，上海市妇女联合会副主任，上海市科学育儿基地副主任等。参加中美协作的《农村卫生基层服务调查》，获1982年卫生部科技成果甲级奖。1975年以来连任世界卫生组织总部妇幼卫生专家组专家，曾赴美、英、法、加拿大等国家讲学、考察、访问和参加国际会议。1997年以来，3次参加由舟山市开发海洋振兴舟山促进会上海联谊会组织的上海市舟山籍高级医师赴舟山义诊团，为家乡人民服务。专长儿童保健、儿童传染病治疗。著有《临床儿科手册》，并有发表多篇儿科论文。

（《复旦大学百年志》第1363页，《文史天地》2003年第549页，《上海高级专家名录 第三卷》第186页）

刘湘云
（1920—2016）

刘湘云著作《儿童保健学》封面

26. 刘采亮

　　1884年生，字孔昭，普陀芦花刘家湾人，清光绪年间秀才。就读于宁波法政学堂，毕业后任鄞县警务长。1917年6月，从北京朝阳大学专门部法律别科第二班毕业，后留学日本警监学堂，获得硕士学位。毕业后至1923年，历任甘肃、福建、广东各省高级审判厅推事、民庭庭长，福建省闽侯、思明、厦门地方审判厅厅长等职。1919年暑期回乡，献地捐款，兴办集成小学。1923年将离开厦门时，被诬告受贿接受审查两个月。1924年起在上海当律师。1929年任江苏省江浦县长，因开棺验尸纠冤案，遭权贵非难辞职。提倡殡葬改革，把家族8口浮厝集中于杂地深埋。抗战前后在上海、宁夏、重庆当律师，曾依法迫使上海"大世界"废除收费陋规。1940年任少将高级军法官兼第四战区军风纪巡察委员，揭露国民党军队上层腐败现象后辞职。抗战胜利后回乡开设律师事务所，自定"三不"：不为汉奸辩护、不向法官行贿，不先索取报酬。任50余家常年法律顾问。邻村冯定生因5位子女参加解放军，遭国民党当局传审、关押，刘采亮多方周旋、辩护，予以营救。解放后被推荐任浙江省各界人民代表会议代表。1952年病逝。

（《普陀县志》第 1093 页，《朝阳学院大学部毕业同学录》1931年第 100 页）

27. 刘鸿生

1888 年生，定海城关聚奎弄人，出生于上海，祖父是刘维忠（字克安），父亲是刘贤喜，妻子是苏州人叶世恭的女儿叶素贞。1901 年就读于上海圣约翰中学。1906 年考入圣约翰大学，二年级时因拒绝校长培养当牧师的安排被开除。1927 年被圣约翰大学授予荣誉博士称号，并邀为校董。1909 年起任开滦煤矿经纪人。第一次世界大战期间在华营运的外国轮船大部分回国，刘鸿生包揽了开滦煤运销业务，获利颇丰。1920 年起与朱葆三等人合资或独资经营上海水泥公

刘鸿生
(1888—1956)

司、中华煤气公司、中华码头公司、鸿生火柴公司、上海章华麻毛纺织公司等企业，任经理或董事长，继朱葆三后任定海旅沪同乡会会长。1930 年 7 月，为和外商竞争，将鸿生火柴公司与荧昌、中华两家火柴公司合并成大中华火柴公司，1934 年将杭州光华火柴厂并入，大中华火柴公司成为全国最大的火柴企业。鸿生用每月千元大洋的高薪聘用外籍专家，解决火柴安全生产的技术问题，在与外商竞争中获胜。他到苏南、浙西一带推广用煤烧砖瓦和石灰时，由泥水工随行，帮助窑户改造砖窑结构，并言明失败赔偿窑户损失，成功后利归窑户，窑户纷纷改柴草窑为煤窑，煤炭销量大增。20 世纪 30 年代初期，国民党招商局经营的长江航运业务亏损，聘刘鸿生出任经理后，改善管理工作，即扭转局面。刘鸿生生平热心于公益事业，曾于 1919 年捐资 23 万银元兴办定海公学（现舟山中学），后又捐资兴办鸿贞女子中学，曾任上海南洋模范中小学、市北公学校董。抗日战争爆发后，为煤业系统职工救护队提供汽车、物资等。上海沦陷后，撤至大后方，在贵州、四川等地开办水

泥、火柴等企业。抗战胜利后,回上海经营工商业。中华人民共和国成立后,历任上海市人民委员会委员、华东军政委员会委员、民主建国会全国执行委员、全国政协委员、全国人民代表大会代表、全国工商业联合会常务委员、上海市工商业联合会副主任委员以及世界和平委员会上海分会副主席、中国红十字会副会长等职。1956 年病逝于上海。

　　(《市北月刊》1926 年第 2 期第 42 页,《南洋模范中小学年刊》1933 年第 3 期第 21 页,《20 世纪上海文史资料文库第三辑工业交通》第 61 页,《会声》1931 年 1 卷 5 期第 2 页,《上海总商会月刊》1921 年创刊 1 卷 1 号第 189 页,《舟山市志》第 800 页,《宁波帮大辞典》第 92 页,《实业家刘鸿生传略》第 1 页)

28. 刘吉生

　　1889 年生,定海人,刘鸿生的弟弟,妻子为湖州人陈定贞,育有三男刘德麟、刘瑞麟、刘幼麟,六女刘莲莲、刘莲芝、刘莲芬、刘莲芳、刘莲华、刘莲青。圣约翰大学毕业,曾任开滦售品处经理,上海市银行商业同业公会理事,大中华火柴公司董事,上海水泥公司、元泰公司、章华毛绒纺织公司、江浙商业储蓄银行、上海煤业银行、大华保险公司、中华码头公司、中华煤球公司、柳江煤矿铁路公司、上海煤业公栈股份有限公司董事,中国企业银行常务董事兼总经理,宁波永耀电力公司监察人,培成女学校

刘吉生
(1889—1962)

董。1941 年 4 月,曾冒险成功营救掉落中国日占区的 64 位美国飞行员,1945 年 12 月由魏德迈将军亲自为其颁发特制奖杯,有以此为原型拍摄的电影《轰炸东京记》。1962 年 10 月在香港去

世,葬于加拿大蒙特利尔。

　　（《近代上海甬籍名人实录》第85页,《刘吉生与魏德迈》）

29. 刘念仁　刘念义　刘念礼　刘念智　刘念孝
　　刘念悌　刘念忠　刘念信　刘念廉　刘念慈

　　刘念仁,英文名 Franklin,定海人,刘鸿生长子。妻子是著名医学家颜福庆之女。1929 年就读于东吴大学,为年刊社经理部副部长,爱好摄影。留学美国,鲍德逊华莱士大学商学士、宾夕法尼亚大学沃顿商学院商业管理硕士毕业。曾任中国企业银行常务董事、章华毛绒纺织公司董事。后承接管理上海中华火柴公司。

　　（《东吴大学年刊》1929 年第 1 期第 24 页、第 399 页,《近代上海甬籍名人实录》第 87 页,《刘鸿生日常生活与他的事业》,刘念智《实业家刘鸿生传略》第 81 页）

刘念仁

　　刘念义,英文名 Julius,1910 年生,定海人,刘鸿生次子,妻子夏氏。1928 年上海圣约翰中学毕业。1931 年前往英国留学,毕业于剑桥大学经济系。回国三年后担任大中华火柴公司总经理,先后兼任上海永丰房地产公司董事、永业房地产公司董事长、上海炽昌兴牛皮胶公司总经理、青岛火柴公司总经理和香港大中华火柴公司总经理。上海解放后,被推选为上海市工商业联合会筹备会常务委员,并前往香港陪伴刘鸿生返回祖国,受到周恩来的接见。此后,

刘念义
(1910—1967)

在认购公债、抗美援朝中起到带头作用。1951年任上海市火柴工业同业公会主任委员。1952年和1953年参加第二、三届赴朝慰问团。国家过渡时期总路线颁布后,3次申请将企业实行公私合营。1956年8月,企业公私合营后被任命为上海火柴公司经理,同年11月任上海市火柴塑料工业公司经理。1959年11月,增选为上海市工商业联合会第三届副主任委员,后连任第四、五届副主任委员。1965年10月,任上海市日用化学工业公司经理兼华光火柴厂经理。刘念义是第二届全国政协委员,第二、三届全国人大代表,中国民主建国会中央常务委员,全国工商联执行委员。1967年12月去世。

(《圣约翰大学附属中小学回忆集》第205页,《近代上海甬籍名人实录》第87页,《刘鸿生日常生活与他的事业》,《中国企业报》2011年9月30日,《实业家刘鸿生传略》第98页)

刘念礼,英文名 Hannibal,定海人,刘鸿生三子,妻子简莲安。1929年上海圣约翰中学毕业,后留学英国,剑桥大学法律专业毕业。1945年曾任上海警察局对外行政处专员、上海律师行律师。

(《圣约翰大学附属中小学回忆集》第206页,刘念智《实业家刘鸿生传略》第98页)

刘念智,英文名 Johson,1912年9月生于定海,刘鸿生四子,妻子卓氏。1923年就读于舟山中学,1926年为南洋公学学生。1929年至1936年在英国剑桥大学留学,经济和工商管理专业毕业。回国后被安排到中华码头公司当一名普通的会计员。1937年8月,担任上海市伤兵救护委员会英文秘书。1940年12月在重庆筹办中国毛纺织厂,在万里迁厂的路途中负责指挥协调工作。中华人民共和国成立后历任上

刘念智
(1912—2003)

海章华毛纺织厂经理,上海市毛麻工业公司副经理,中国民主建国会中央常委、全国工商联第四、五、六届副主席,上海市第八、九届人大常委会副主任,上海实业公司董事长等职。也曾担任第四至七届全国人大代表,第六、七届全国人大常委,第六届全国人大财政经济委员会副主任委员、第二、三届全国政协委员,全国侨联第三届副主席。2003 年 3 月去世。

(《宁波帮大辞典》第 91 页,《南洋大学 30 周年纪念校友录》1926 年第 173 页,《刘鸿生日常生活与他的事业》,《中国企业报》2011 年 9 月 30 日,《实业家刘鸿生传略》第 52 页,《1923 年 4 月舟山中学首期校刊学生名册》)

刘念孝,英文名 George,定海人,刘鸿生五子。1931 年上海圣约翰中学毕业,后留学美国,宾夕法尼亚大学沃顿商学院交通运输专业毕业。1937 年 8 月参加上海市伤兵救护。1948 至 1960 年为台北糖果厂董事。

(《圣约翰大学附属中小学回忆集》第 207 页,《约翰年刊》1931 年第 90 页,《刘鸿生日常生活与他的事业》,《从"迁厂逃资"的沪商到"戒急用忍"的台商——以 1949 年以后迁台的上海企业家为例》)

刘念孝

刘念悌,改名刘公诚,1914年10月生,定海人,刘鸿生六子,妻子为律师徐士浩之女徐景淑,育有刘作新、刘作毅、刘作卿、刘作伟四子。1926年就读于南洋公学附属小学高小二年级,1931年上海圣约翰中学高中毕业。同年考入国立清华大学化学工程系。1935年,大学尚未毕业就东渡日本,考入日本国立帝国大学(后改名国立东京工业大学),自费攻读化学(水泥技术)专业,同时研究日本的政治和经济。1936年1月,刘念悌被东京工业大学留学生同窗会推选为执行委员兼会计,1937年作出财务报告。"卢沟桥事变"爆发后,刘念悌于7月9日毅然决定放弃学业回国,参加抗日救国运动。1938年夏,进入延安抗日军政大学学习。曾任中国火柴原料厂贵州分厂厂长,并从事地下工作。1945年,经党组织批准,在其父亲的安排下,赴美国留学,学习化学工程专业技术,并在一家水泥公司进修。1947年,学成后回到上海,在父亲创办的华商上海水泥股份有限公司龙华工厂担任厂长,以资本家的身份组织水泥生产,同时又作为一名中共地下党员开展革命工作。根据中共党组织的安排,1952年在上海参加了以工商界人士为主体的民主党派——中国民主建国会,此后,其公开的身份除资本家外,还是一位民主党派人士。1956年被调往北京,到建材部水泥工业研究院从事专业研究工作,在民主建国会担任中央常委,开展党的统战工作。刘念悌创建了中国第一个水泥物化室,是新中国水泥物化理论的奠基人,被评为国家一级工程师。1978年10月,中央统战部正式公布刘念悌中共党员的身份,两次被评为国家机关优秀共产党员,1982年当选为中共第十二次全国代表大会代表,先后当选为第三届全国人大代表和第六、第七届全国政协委员,中国硅酸盐学会第三届理事,中国标准化协会第一届常务理事,中国民主建国会第三至五届中央常委。

(《圣约翰大学附属中小学回忆集》第207页,《约翰年刊》1931年第89页,《南洋大学30周年纪念校友录》第234页,《中华留日东京工业大学学生同窗会年刊》1936年4月期第90页,《回忆父亲刘公诚》,《实业家刘鸿生传略》第50页,高桥君平《留日学生名簿》第99页)

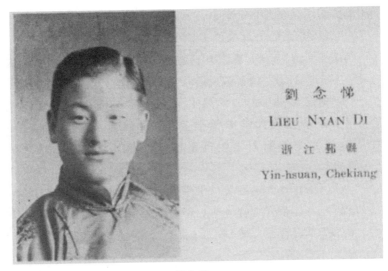

刘念悌
(1914—1991)

刘念忠,定海人,刘鸿生七子。原在上海中学学习,1932 年 1月转学至定海中学,念初三下学期,英文成绩佳。1932 年 8 月回到上海,9 月留学日本,自费就读于长崎高等商业学校。1948 至 1960年担任高雄中联化工厂董事。

（《20 世纪上海文史资料文库第三辑工业交通》第 61 页,高桥君平《留日学生名簿》第 99 页,《从"迁厂逃资"的沪商到"戒急用忍"的台商——以 1949 年以后迁台的上海企业家为例》）

刘念信,英文名 Nyan Sing,定海人,刘鸿生八子。1937 年上海圣约翰中学毕业,1946 年 2 月公费留学美国,麻省理工学院机械系毕业,先后在圣可罗维罗机器厂、大卫机械公司、布商公司、吉汀路易机械公司实习,曾在香港瑞士公司工作。1952 年回国后任中国毛纺织厂工程师。1979 年移居美国。

（《20 世纪上海文史资料文库第三辑工业交通》第 61 页,《圣约翰大学附属中小学回忆集》第 212 页,台湾"文献馆"典藏《经济部资源委员会档案》,刘念智《实业家刘鸿生传略》第 99 页）

刘念廉,定海人,刘鸿生九子。原在上海读书,1932 年 1 月转学至定海中学附小,1932 年 8 月回到上海读书。1937 年担任章光毛绒纺织公司股东会董事。

（《20世纪上海文史资料文库 第三辑工业交通》第61页，《刘鸿生企业史料下1931—1937年》第37页）

刘念慈，定海人，刘鸿生十子。1946年上海圣约翰大学中学毕业。1950年夏，上海圣约翰大学经济系毕业，文学学士。

（《圣约翰大学附属中小学回忆集》第224页，《上海圣约翰大学（1879—1952）》第515页，《昌国文博》第152页）

刘念慈毕业照片

30. 刘理光

字子政，1918年1月生，定海沈家门人（有说籍贯为临海）。1934年，初中毕业于舟山中学。1937年，高中毕业于宁波浙东中学。因抗战爆发进入青岛海校，1941年轮机系船舶动力装置专业毕业。1948年参加革命工作，1949年6月入党。1987年离休。先后任中国船舶工业总公司第七研究院（中国船舶及海洋工程设计研究院）第七〇八研究所四室主任工程师、研究员、高级工程师，上海市高级专家协会机械组区组长，交大华源科技工程开

刘理光旧照

发公司特邀顾问，中国营口经济技术开发区专家委员会委员，兵工署、招商局、交通部造船处工程师，江南造船所浦东分厂正工程师、代理厂长。曾参加筹建华东海校，任副营级教研组长并立功受奖。转业后在设计室先后设计出东风号万吨轮液压联轴节、五吨机舱行车、120千瓦废气透平、轴气胎刹车、渔业用延绳钓机等，均属国内首创。曾设计朝阳号万吨轮、黄河测量艇。1200马力水力推进

艇高速滑动轴承、船舶轴系中间滑动轴承系列标准、CB 轴系加工技术标准等获院、部、国家科学技术进步三等奖。多次承担大学毕业生、留学生设计指导工作。参与《船舶四国(苏、英、德、日)词典》《船舶设计手册》《船舶工程词典》《船舶材料手册》的编审,发表论文《150 公斤延绳钓机设计》等。为发挥余热,加速乡镇企业经济发展,首建市郊县胡桥工业公司技术顾问团,并担任副团长。筹建首家环球电动车船公司,试制成功电动样车、电动船艇等。担任社科院致兴实业公司总工程师及沪台企业促进会常务理事,为沪台贸易及边贸作出贡献。

(《天南海北舟中人》,《浙东月刊》1937 年 8 期第 12 页、第 142 页,《舟中暨附小级纪念刊学生名册》1934 年 8 月,《舟山人在海内外 第一辑》第 589 页,《上海高级专家名录 第一卷》第 199 页)

31. 刘传楣

又名祖赓,1925 年 3 月生,定海人。1938 年至 1939 年就读于舟山中学,后毕业于上海华联中学。1944 年 9 月至 1948 年 8 月在之江大学土木系学习,毕业后任上海光耀中学初高中数理教员二年。1950 年赴天津参加革命工作,任中国建筑公司天津分公司技术员、工地主任等职。1952 年转入北京市华北基本建设工程公司设计部工作,历任技术员、工程师、结构组组长。1961 年调任北京化工二厂设计所组长、主任工程师。1982 年由北京市人民政府授予工程师职称。1990 年获由化学工业部颁发的"化工科技老专家"荣誉证书。1992 年晋升为教授级高工。1987 年退休后,返聘三年。1990 年年底离厂,进入华北建设集团第四工程公司工作,任技术负责人和总工程师,主要从事建筑结构专业设计工作。

(《天南海北舟中人》,《舟山人在海内外 第一辑》第 49 页)

32.汤诰　汤谌

汤诰，字伯扶，岱山东沙汤氏孟一房人，汤濬长子，妻子为孙杏林，儿子为汤德年。1910年杭州府中学堂优等毕业，在岱山从事教育工作。

（《汤浚史集》第73页，浙江第一中学《友声(杭州)》1913年第1期第220页、1915年第2期第178页）

汤谌，字仲持，1888年生，岱山东沙汤氏孟二房人，汤濬次子，妻子是杨彩莲、于秀云，儿子为汤德锬。1901年进入杭州蕙兰学堂，后转入杭州府安定中学，以最优等毕业，1911年杭州法政学校肄业。1913年在岱山县高等小学任校长兼教员，1915年任宁波甲种商业学校教员，1918年病逝。

（《汤浚史集》第74页，《岱山镇志点校本》第113页）

汤　谌
(1888—1918)

33.安昌恩

1928年12月生，定海马岙安家人。1948年，从定海中学初中毕业，考入慈溪锦堂师范。1953年毕业于南京建筑工程学院，后又就读于同济大学，毕业后进入上海华东建筑设计院。1989年退休后，受聘于上海交通大学建筑设计院，高级工程师，长期从事专业建筑设计工作，屡获奖励，1988年获上海市优秀设计二等奖。

（《马岙镇志》第274页，定海县立中学1948级级友会《正风刊》第23页）

34. 许文贵　许志勤

许文贵,1906 年生,定海城关周家塘人,生于上海,是许廷佐长子。毕业于上海圣芳济学院。1949 年携全家前往台湾,开设益利轮船公司,后又创办香港和合轮船公司、台湾新兴航运公司。许文贵十分关心家乡教育事业,多次捐资为其父创办的城关第二小学(现名廷佐小学)建造教学楼,购置图书和教学用具,并以许文贵父子基金会名义参与捐资建造舟山人民医院门诊大楼。

许文贵

(《定海历史名人传》第 153 页,《定海旅台人物录》第 27 页,《近代上海甬籍名人实录》第 92 页,《蔚里剩稿·许君廷佐行状》,《许廷佐年谱长编》第 2 页)

许志勤,1933 年生,定海城关周家塘人,生于上海,是许文贵的儿子,其子为许积皋。1946 年就读于上海私立三育中小学校初中部三年级。1949 年随父前往台湾。1952 年赴美国留学,1957 年获路易斯安那州州立大学学士学位,1959 年获堪萨斯州州立大学硕士学位。1959 年学成返台,协助家族发展航运事业。1964 年至 1975 年任日本东京协兴株式会社社长。1975 年起任香港和合轮船公司董事长。1986 年至 1993 年任香港新海康投资公司董事长。1988 年任台湾新兴航运公司董事长。1987 年后还担任台湾地区"船联会常务理事"、台北市"轮船公会常务理事"、台湾地区"海运联营总处理事"、"台湾中华商船职业学校董事长"、"台湾验船中心常务理事"、"台湾中华航业人员训练中心常务理事"、香港航业协会董事长、法国国际船级协会会员。许志勤关心家乡建设,1990 年以来,多次为家乡捐资、捐献计算机和语言教学设备,参与建造舟山人民医院门诊大楼,捐建定海廷佐小学、冬兰幼儿园等。联合创办舟山首和中转储运有限公司。在上海创办盛生食品集团,同时在国内开辟两处有机农场,从事蓝莓和山茶油的种植、生产、加工和销售事业。许志勤是舟山市荣誉市民。

（《私立三育中小学校同学录》1946 年冬第 5 页,《从航运大亨到"有机小农"——盛生食品集团董事长许志勤》)

陈志勤先生在办公室的照片

35．阮子羽

1921 年生,定海城关人,祖父阮乃逊,父亲阮怀清。阮子羽为副主任中医师,历任市、区中医学会副会长、会长、顾问,县人大代表,市政协常委,农工党舟山市副主委。从医五十余年,培养大量人才。1939 年考入上海中国医学院本科,苦读五年,毕业后放弃留校任教机会回乡。1945 年,任定海县中医师公会监事兼干事。当年城乡霍乱大流行,主诊于天葆堂诊所救治患者。20 世纪 50 年代,先后出任定海县第二联合诊所主任、城关镇中医院副院长。倡导西学中,主讲《伤寒论》《金匮要略》《中国方剂学》等经典著作。舟山医院创办中医门诊,聘其为特聘中医师,在舟部队医院聘其为特聘中医教师和特约中医顾问。1960 年负责《舟山中医验方集》《舟山地区中医药验方集》

的审核、考证和定稿,在舟山卫校兼任中医教师,给中医班、西学中班、西学中提高班、中医大专班、中医学徒班等授课十余年。1979 年浙江中医学院在舟山招录新生,被省定为主考导师。1986 年任市中医药技术中级职称评委会委员、副主任。1983 年率先在舟山将电子计算机应用于中医治疗,将治疗月经病经验整理成电脑诊治程序,受省科协表彰,90 年代初该项技术被安徽医科大学妇科应用于临床。著有《读伤寒》《学金匮》《中医基础学》《中医方剂学选释》《师范庵医集》以及《有关辨证论治的若干问题》《莱菔子研究》《竹虱治疗慢性肾炎的观察》等作品。《舟山市卫生志》有其传记。

（《舟山历史名人谱》第 212 页,《舟山市卫生志》第 964 页,《定海历史名人传录》第 108 页）

36. 孙耀辉　孙耀国

孙耀辉,1921 年生,大展上潘孙村人,孙继宗长子。1937 年舟山中学毕业,考入上海中华职业学校土木科。1940 年考入光华大学土木工程系,1942 年辍学,在上海义生棉布号、锦泰绸布店做生意。1950 年设计定海芙蓉洲路孙家住宅,撰《民居营造篡要》。1956 年参加定海城关建筑生产合作社,1958 年进入舟山建筑公司,1988 年被评为高级工程师,为舟山建筑工程界泰斗,曾任舟山市政协委员。1986 年退休,2007 年 2 月病逝。

（《普陀上潘孙百年孙氏望族》,《展茅镇志》第 109 页,《天南海北舟中人》,《舟中暨附小级纪念刊学生名册》1934 年 8 月,《舟山人在海内外　第一辑》第 74 页）

孙耀国,1932 年生,定海展茅人,孙继宗五子。1947 年 7 月定海县立初级中学毕业。1948 年至 1949 年在上海南洋模范中学学习并加入中国共产党。1956 年考入北京大学物理系。1960 年毕业后留校,聘为北大无线电系系务委员、电子总厂厂长。1978 年进入中国科学院高能物理研究所担任高级工程师,主持多项电子学重大课题研究,为高能实验电子学作出重要贡献,获两项中国科学院科技进步二等奖。1990 年作为中国小组负责人赴意大利参加世界实验室 Gran. sasso 地下粒子物理实验室数据系统建造工作二年,获得有关方面的好评。入选《中国科学院科学家名人录》。1993 年离休。

（《普陀上潘孙百年孙氏望族》,《天南海北舟中人》,《定海县立初级中学学籍册一九四七年度第二届毕业生》）

37. 严重敏

严重敏
（1920—2017）

曾用名严美珍,女,1920 年 10 月生,岱山东沙人,是"严永顺米店"创办人严华恩之女。中共党员、著名地理学家,中国城市地理学的开拓者、奠基人之一。其先生嘉兴籍朱夏,是中国科学院院士、著名大地构造学家、石油地质学家。1934 年就读于鄞县女子中学。1938 年进入中央大学学习。1942 年毕业于中央大学地理系,后曾在中大附中、南开中学等校任教。1948 年初赴瑞士苏黎世大学研究生部攻读人文地理。1949 年秋回到新生的中国。1952 年,任教华东师范大学地理系副教授兼经济地理教研室主任。1980 年任华东师范大学西欧北美地理研究所所长、教授,法国地理学会荣誉会员,曾任中国地理学会世界地理专业委员会副主任,人文地理专业委员会委员,中国城市经济学会理事,上海城市经济学会常务理事,被聘为《中国大百科全书世界地理卷》编委及欧洲篇主编,《地理学报》编委,加拿大"Chinese Geography and Environment"（中国地理学和环境学）杂志通讯编辑等职。开创了中国城市地理学,并预见浦东开发比"北上"（发展江湾五角场地区）和"南下"（开发金山卫地区）更优越的发展前景。严重敏是上海市三八红旗手,享受国务院特殊津贴。著作有《西北地理》《祖国的矿产资源》《地理丛书－上海市》《城市与区域研究——严重敏论文选集》等。

（《竹洲》1934 年第 3 期第 158 页,《上海高级专家名录 第三卷》第 467 页）

38. 严凤霞

女，1931年11月生，定海人，教授，中共党员。1949年夏进入圣约翰大学学习。1951年至1952年先后兼任圣约翰大学党支部书记、党委副书记。1952年至1953年就读于华东师范大学化学系，毕业后留校任教，专长仪器分析。先后担任华东师范大学化学系党总支书记、校党委副书记兼纪委书记、校党委书记。1979年，因参加UV总有机污染监测仪和水中总需氧量（TOD）测定方法和实验装置研究，获上海市重大科研成果三等奖。1992年离休。

严凤霞
（1931—　）

（《昌国文博》第154页，《华东师范大学历任校党委书记》2023年，《上海高级专家名录 第三卷》第467页）

39. 李拙子

原名哲诚，字寄桐。1871年生，勾山黄雉人，李肃铭次子，妻子缪氏。李拙子为清末庠生，后赴日本留学，于东京早稻田大学读法学3年，回国后在上海经商。1921年出资4500元、田3亩余建延武小学，以延武命名来纪念自己去世的儿子，以其定海城关阜泰典铺股息、房租作学校的运营经费，免收学杂费，新生发书包一只，翌年开办高级班。1922年著《拙言》，贬斥军阀卖国弄权。旋即弃商回乡，以生平积蓄和变卖祖产得到的钱，捐办社会公

李拙子
（1871—1944）

益事业。14 年间共筑石板路 6 条,长约 10 千米。1928 年建木桥 1 座,长 10 米、宽 3 米多。1933 年,发起建设浦东码头,自出资 3500 余元。同年夏,勾山疫病流行,运输物资组织抢救。《定海舟报》常报道其善事,称李拙子为"大慈善家"。终生不信教,门口书"僧道无缘"四字。晚年生活清贫,去世后无子女和遗产。其妾室日籍名松本英子,1939 年在勾山病故。

（《普陀县志》第 1024 页,《李肃铭硃卷》,《昌国文博》第 275 页）

40. 李隆义

又名玉棠,1924 年生,定海城关腾坑湾人。1939 年私立舟山初级中学毕业。从上海学成返回舟山,曾在植新小学等学校担任教师、校长,瀫洲县东沙镇长,东沙镇自卫队、义警队指挥。1950 年随国民党军前往台湾,在"军情单位"和"大陈岛游击部队"服役。退役后转任公职,曾任"法院录事""书记官",退休时任职"高雄地方法院检察署书记官长"。曾担任台北市舟山同乡会常务理事。1993 年携夫人回乡探亲。

李隆义
(1924—1998)

（张行周《悼李常务理事隆义兄》,《岱山文史资料 第 4 辑》第 108 页,《瀛海同舟》,《定海旅台人物录》第 34 页,《天南海北舟中人第四辑》第 355 页,《私立舟山初级中学学生学籍册第三册 1934 年—1939 年》）

41. 杨志刚

1920 年 9 月生,定海城关人。先后就读于县前小学、定海公学附小、舟山中学及上海沪江大学。1939 年在上海创办《儿童新闻报》,宣传报道抗战救亡运动,并刊载我国第一部适宜于少年儿童阅读的《社会发展史》以及苏联名著中的连环画。受到教育家陈鹤琴的支持,《儿童新闻报》成为当时国内影响最大的少年儿童报刊,太平洋战争发生后被迫停刊。1950 年,杨志刚进入华东军政委员会贸易部工作,任科长,后调至华东区畜产进出口公司,任经理秘书、科长、主任。曾主持国外产品研究所,引进各国机电、纺织、轻工、电子、化工等各类产品千余种,组织国内科研、生产部门进行研究,从而提高并改进国内产品及出口商品,增加品种,提高质量,取得很大成果,受到姚依林副总理的重视和嘉奖。长期关心故乡工作,曾获定海旅沪同乡会征得会员最多的第一名个人奖及第一名队长奖,获得银盾及奖状。曾任舟山中学旅沪校友会秘书长,襄助袁仰安会长征集奖学金旧法币 4.5 万元,资助大批舟山籍青年学习深造。80 年代在香港期间,曾联系香港知名人士安子介、袁仰安等酝酿组织旅香港舟山同乡会,并通电建议舟山市委、市政府加强对海外舟山籍人士的联络工作,同时提出尽快组织访问团前往香港,在广泛联系旅港同乡的基础上,组建成立了香港舟山同乡会。该同乡会在沟通乡情、联络乡谊的基础上,对舟山经济建设和教育医疗事业等方面均作出了卓越的贡献。杨志刚多年来致力于舟山文史的研究,曾在《解放日报》《新民晚报》《舟山日报》及《舟山乡音报》等报刊上发表文章五十余篇,所撰《安子介传》刊载于《舟山市文史资料》(第一辑),并被《浙江省文史资料》及海内外报刊所转载。另著《中国对外贸易概论》,被列为全国高等院校优秀教材,受到对外经济贸易部奖励,并颁发荣誉证书。

（《舟山人在海内外 第二辑》第 93 页,《天南海北舟中人》,《舟山文史资料 第一辑》第 9 页）

42. 杨之风

女,1928 年 7 月生,定海城关镇人。1934 年至 1944 年在舟山女子中学附小、定海书院弄小学、平政桥小学、定海昌国中学、镇海中学就读。1945 年 3 月,由党组织介绍赴四明山浙东抗日根据地梁弄,先后在电讯训练班和鲁迅艺术学院学习,后分配至中共余姚县委财经科征粮队任队员。1946 年 3 月起,先后在苏北高邮人民报社、华中新华社、山东大众日报社、济南新民主报社、上海解放日报、安徽芜湖日报社任电台报务员。1949 年 3 月在山东新民主报社参加中国共产党。1950 年 9 月,进入华东军政委员会电讯训练班学习。1951 年 4 月至 1970 年 1 月,先后任上海市国际电台报务员,中共上海市电信局机关党支部副书记,中共上海市邮电管理局组织部、监委任干部。1971 年 1 月任中共上海市机电设备供应公司静安站党支部书记、公司行政科科长。1982 年 12 月起离休,享受县处级待遇。

（《天南海北舟中人》,《舟山人在海内外 第一辑》第 151 页）

43. 励宝勇

字力君,1925 年生,定海城关炮房弄人,生于石家庄,父亲为励有金,母亲徐氏。励宝勇先就读于西安交通部立扶轮中学校,后转至西安裕大纺织专科学校研习,直到抗战胜利。回到上海后,在上海公平机械厂协助管理。1949 年春暂避战火返乡。1950 年随国民党军前往台湾,任大秦纺织厂技术主管、主任工程师兼研究室主任、成功制衣厂厂长。曾应邀赴新加坡、马来西亚、印尼企业担任技术指导,在南非、洪都拉斯开厂办企业。

（《定海旅台人物录》第 37 页）

励宝勇先生在故乡定海码头留影

44.吴再郎

又名在郎，笔名小帆，1919 年 8 月生，定海荷花乡人，倪子俞表兄，中共党员。20 世纪 30 年代就读于舟山中学，后转入上海清心中学就读。1947 年沪江大学理学院化学系毕业，获理学学士学位。1948 年起，曾任上海民生墨水厂技术员 12 年。1960 年以后进入上海感光胶片总厂工作，先后担任试验室副主任、试验车间主任、副总工程师、技术副厂长等职务共 30 年。1986 年评为教授级高级工程师。1989 年底退休。1955

吴再郎
(1919—2007)

年因提高蓝黑书写墨水质量、赶超国际先进水平、节约原材料等事迹被评为上海市劳动模范，推选出席全国先进生产者代表大会。曾被派赴越南河内市帮助越南建设红河文教用品工厂，完成墨水车间及中央试验室的筹建任务。六十年代中期曾参与黑白航空胶片研制全国大会战，为技术领导小组成员之一。这一项目的成功，使我国摆脱了军事侦察和航空测绘用胶片长期依赖进口的被动局面。八十年代初期，曾在本单位组织指导研制我国首批高温快洗 II 型彩色胶卷，并推向市场，在国内外产生一定影响。曾被派往法国、西德和比利时等国考察感光材料制造工业，同时与国外感光化学与技术专家接触，引进专业人才来华参与指导感光胶片的科研和生产。先后研制成功申光牌 GB21 油溶性二型彩色胶卷、二型彩色相纸及二型彩色显影药水，为我国感光材料工业填补了一项空白。1981 年任中国感光学会第一届理事长，1996 年被授予荣誉理事称号。1964 年 5 月与同事合编《墨水制造》，该书由上海科技出版社出版。1985 年参与撰写《上海摄影史》，由上海复旦大学出版社出版。2007 年 1 月病逝。

《沪江年刊》1947 年第 81 页，《天南海北舟中人》，倪子俞《人生苦旅》第 22 页,《影像技术》2007 年第 2 期第 64 页,《吴氏名人录》第 247 页,《上海高级专家名录 第二卷》第 577 页)

45. 吴滋益

1931 年 7 月生,沈家门东横塘人,中共党员。1948 年定海中学毕业,考入上海中国中学。1951 年参军,在中国人民解放军第一航空学校学习。1952 年分配到兰州空军工作,任无线电员、团无线电主任等职。曾在西安函授大学无线电雷达系学习一年,1969 年转业至上海超声波仪器厂任车间主任、副厂长等职,1979 年调至上海市能源研究所任工程师,课题组负责人。在部队服役期间,因发奋工作创造革新荣立三等功二次、三次获师技术能手和师安全标兵称号,出席军区积极分子大会二次。转业到地方后,积极钻研技术,设计和研制了许多新产品,试制成功超声波搪锡机,设计和研制了大功率超声切割乳化、清洗、搪锡设备,细胞粉碎仪,超声塑料捍接机,NL—S 自动流量检测仪以及太阳能热水器工程的设计、组装等。其中《降污节能乳化汽油的研制测试和应用》《汽车节油环的试制与应用》已在全国广泛应用。

(《天南海北舟中人》,定海县立中学 1948 级级友会《正风刊》第 22 页,《私立舟山初级中学学生学籍册 1946 年》)

46. 吴季陵

1932 年生,定海城关人,其父亲是丰泰隆的老板吴兴余。1949 年在鄞县三一初中读二年级。1950 年,从私立舟山初级中学毕业。1956 年毕业于南京工学院机械制造专业。后任南京林业大学林产工业设计所所长,南京林业大学林业与木工机械系教授、木材工业系副主任,长期从事木工机械的教学和科研工作,主编《木工机械》,主持"竹材成型模压织梭"等研究工作。

(鄞县《三一校刊》1949 年第 7 期第 35 页,《私立舟山初级中学学籍册 1949—1950 年毕业初中学生》,《江苏省高等学校教授录》第 267 页,《中国普通高等林业院校概览》第 167 页)

47.邱进益

　　字拯之,1936年生,嵊泗嵊山人,父亲邱人海。早年赴上海求学,1948年回乡,进入初中补习班学习。1950年5月随父前往台湾,插班进入"基隆市立中学"。毕业于台湾"政治大学"外交系,"政治大学"外交研究所结业。曾留学欧洲,从奥地利维也纳大学、西德波恩大学政治研究所毕业后,获得新加坡国立大学硕士学位。曾是李登辉的重要幕僚。1988年10月,出任台湾地区"领导人办公室副秘书长"。1990年5月又兼任台湾地区"领导人办公室发言人"。1990年11月,台湾的海峡交流基金会正式成立,并于翌年3月开始挂牌运作。该基金会虽是民间团体形式,具备法人资格,实际上却具有半官方性质。1993年3月,邱进益出任海峡交流基金会副董事长兼秘书长。4月7日,应海峡两岸关系协会邀请,邱进益一行乘飞机抵达北京,与海峡两岸关系协会常务副会长唐树备进行"汪辜会晤"预备性磋商。4月10日,海峡两岸关系协会常务副会长唐树备与台湾的海峡交流基金会副董事长兼秘书长邱进益,在钓鱼台国宾馆草签了《两岸公证书使用查证协议》《两岸挂号函件查询、补偿事宜协议》。4月22日,邱进益一行和唐树备、邹哲开等相继抵达新加坡,为"汪辜会谈"做最后准备,确定了会谈的具体地点、主要议题和会谈后发表文件的基本内容。1996年,邱进益担任台湾"考试院铨叙部长"。2003年退休后,仍积极为两岸和平统一奔走发声,担任白月光文教基金会董事长。2005年曾回家乡探亲,热心牵线舟台两地经贸合作交流。2009年,73岁的邱进益获南京大学历史学博士学位,著有《肺腑之言》等。

　　(邱进益《肺腑之言》,《浙江人在台湾》第61页)

邱进益
（1936— ）

48.何 为

原名何振亚,曾用名何敬业,1922 年 5 月生,祖籍定海横塘弄。1943 年肄业于上海圣约翰大学。历任上海《文汇报》记者,上海电影文学研究所编剧,上海电影剧本创作所编辑,江南电影制片厂编辑,福建省电影制片厂编辑组长,福建省文联、作家协会专业作家,中国作家协会第四届理事,中国散文学会副会长、顾问,福建省作家协会副主席、名誉主席。散文名作《第二次考试》被收录进语文课本。代表作品有《音乐巨人贝多芬》等。

何 为
（1922—2011）

（《中国现代作家与作品》第 85 页,《新课标小学语文必备知识手册》第 167 页,《纸上的味道 古今饮食美文品鉴》第 295 页,《舟山人在海内外 第一辑》第 89 页）

49. 忻云英

女,1924 年 12 月生,定海城关人,中共党员。20 世纪 30 年代曾就读于舟山中学,1940 年 1 月在华东联中初中毕业,1942 年在上海晏摩氏女校高中毕业。1945 年 5 月赴苏中根据地参加工作,先后在苏中行政公署贸易局、华中银行一分行、华中行政办事处等单位任会计工作。中华人民共和国成立后,曾

忻云英学生时代的照片

先后在江苏无锡任苏南邮电管理局会计组长,上海中国花纱布公司华东区公司任工会主席兼稽核科副科长,中国茶业总公司、农产品采购部、城市服务部、第二商业部财会局任科长、副处长、办公室主任等职。"文革"期间下放干校。1975 年调回北京,在全国供销合作总社、商业部财会局工作。1982 年底离休,并任中国会计学会全国供销合作社分会名誉理事。

(《天南海北舟中人》,《私立舟山初级中学学生学籍册第二册1936 年—1938 年》,《华东联中期刊》1940 年 1 期第 115 页、第 146页、第 149 页,《舟山人在海内外 第一辑》第 84 页)

50. 沈渭清　沈毅

沈渭清,女,1877 年生,沈毅胞姊,定海城关人。1915 年毕业于杭州女子师范学校,1923 年任城关南郊小学校长,曾抱病赴沪募集经费兴建校舍。献身教育,立志报国,勉励学生热爱祖国、团结御侮。1939 年 1 月 13 日,日本军舰闯入定海港,炮轰定海城,面对国土沦丧、校舍被毁,为唤醒民众,不甘为亡国奴,服药自尽。民众闻讯悲愤,有悼词云:"先生愤鬼子而死,可歌可泣;学生向遗容起誓,保国保家。"

(《定海县志》第 796 页)

沈毅，号锐涓，女，1879年生，城关北门小余桥下人，祖父沈有庆，父亲沈观，兄长为沈椿年。幼年随父学习诗书，聪颖好学。20岁时母亲令其停学，转为学习女红，她毅然离家就读于宁波竹洲女子师范，1912年毕业。同年9月，定海创办第一女子小学，次年，县知事委任沈毅为校长。她组织编写补充教材，增设刺绣、蚕桑、工艺美术、书法、珠算等课程，聘请名家任刺绣工艺教员，又开办蚕桑班、美术班和师范讲习所（后改为简易师范），师生轮流外出办"民众夜校"，鼓励女生剪发、放足、不戴耳环、不迷信。

沈毅
(1879—1938)

用人唯才，不徇私情，待教师如亲友，视学生如子女，教师患病，沈毅解囊请医，提倡启发教学法，禁止体罚。数年后，沈毅赴杭州、上海、南京、北京等地女子学校参观，自费前往菲律宾考察华侨教育，回校革新教学。1919年被省教育厅确定为第二次免试核定高小正助。1924年，在上海认识共产党人瞿秋白、杨之华、郭沫若、项英等。次年，"五卅"惨案发生后，与金爱卿、王士宏等召集师生游行，募集银元490元支援上海罢工工人。1926年9月，邀杨之华来校讲演《中国革命与妇女解放》。"四一二"反革命政变后，不顾自身安危，掩护王士宏、金爱卿、顾我、姜冰生、洪福礼、董国赍等中共党员和进步人士转移，让马荷仙、陈素心在校隐蔽。8月下旬，护送中共定海独立支部书记张雪痕往上海。抗日战争爆发后，与张起达、王起（化名王烈钧）等宣传抗日，组织救护班、歌剧社，编写抗日教材教学纲要。1938年3月，适逢60寿辰，亲友馈赠寿仪900元，用以建设学校礼堂，同年8月21日病逝于北门私寓。

（《浙江教育》1919年11期第39页，《舟山市志》第797页，《定海县志》第796页，《沈震殊卷》，《沈熙廷殊卷》）

51. 沈养园

名天颐，1897年生，定海城关北门人，曾祖父为沈有庆，祖父为沈豫，父亲为沈岳年。沈养园是沈椿年、沈毅的堂侄，育有梅溪、冠臣、南雄等8位子女。1917年7月澄衷中学毕业，曾在上海投资股票。1930年携妻儿辗转马来西亚、新加坡、印度等地，最后定居暹罗。在泰国及南洋群岛经商十余年，得到侨领同乡王明福的提携，主要从事木器业。1940年带三个儿子回国读书，1941年，先后任上海泰生利有限公司经理，华伦实业股份有限公司总经理，

沈养园
（1897—1948）

上海特别市橡胶原料同业公会常务理事，得生信托银行常务董事，亿中商业银行董事。1938年担任旅泰江浙会馆主席、天华医院董事，为抗战组织募捐。在上海时期，向定海旅沪同乡会小学捐款，捐资助学足球义赛等。1948年病逝。

（《澄衷》1923年4期第102页，《澄衷校史资料（第一卷）》第222页，《近代上海甬籍名人实录》第149页，《宁波帮大辞典》第143页，《群岛述旧》第57页）

52. 沈天骥　沈纪云　沈纪申

沈天骥，1915年生，定海人，沈椿年长子。上海市农科院土肥所副研究员，民主同盟会成员，市土壤肥料学会理事。1928年进入复旦大学附属中学学习。1937年毕业于复旦大学土木工程系。抗日战争时期，离家赴陕西汉中筹建工厂，后任重庆全国水利委员会水利示范工程处专门委员。不久调至云南水利局，任技术顾问，勘

察云南水利资源,同时兼任复旦同学会总干事。抗战胜利后返回上海,任善后救济总署工矿业务委员会专员。解放后调至华东水利部,负责浙江水利工程,做出了显著的成绩,修建车㠐港大坝提前合龙,保证了浙赣铁路正常运行。勘察浙江太湖流域河道情况,提出对江南运河浙西整理工程技术设计以及审核意见的建议。1954年因参加车㠐港大合龙工程,日夜奋战,积劳成疾。1958年调上海市农业试验站任工程师,参加上海市农业科学院的筹建工作,任土壤肥料研究所工程师,副研究员。曾主持"上海郊区低洼地改良利用研究"项目,从事治水改土研究长达十余年,在松江佘山公社进行试验研究。期间,他不但探明低洼地区土壤的理化性状和发生发展的规律,同时提出改善土壤的原则以及相应措施,使低洼地区的产量成倍提高。1975年退休后,创办了两所技术学校,即上海复友业余进修学校以及建筑岗位进修班,自任校长,为培养社会知青成为有用的人才做出了贡献。

(《复旦大学附属中学学生积分册》,《上海农业科研志》第409页)

沈纪云,1917年12月生,定海人,沈椿年长女。原重庆市合川第一中学校离休干部。1936年,考入暨南大学文学院外国语文学系。1939年5月参加革命,加入中国共产党。

(《国立暨南大学一览》1936年第278页,《沈纪云同志逝世》)

沈纪申,定海城关小余桥前人,沈椿年三女。丈夫为空军大队长王文奇,育有一子王明辉,一女王明妮。1948年赴台读书,在台湾法院工作,定居基隆,后迁往高雄。

(《定海名门沧桑录》,《群岛述旧》第60页)

53. 沈行发

1931年生,定海北大街书院弄人。1946年,从定海县立初级中学毕业,后就读于鄞县三一高中秋始一年级甲组,1949年,16岁的沈行发高三毕业。放假回家时,沈行发在省建设厅任临时雇员抄电表收电费,在定海电灯厂打工。1950年5月随国民党军前往台湾,被遣散。后考入"台湾大学"历史系,毕业后在联勤部门做编译,在公营企业专办美援物资卸运作业。复员后转至民营公司,从事国际贸易工作,在"文化学院""铭传商专"讲课,在"致理商专"任教,为"文化大学"副教授。曾任台北市舟山同乡会理事,《舟山乡讯》执行主编、发行人,多次回乡探亲考察。

沈行发
(1931—2021)

(鄞县《三一校刊》1947 年第 2 期第 24 页,《定海旅台人物录》第 51 页,《天南海北舟中人 第四辑》第 360 页,《定海县立中学学籍册 1945 年历届毕业生初中科》,《舟台交流的历史记忆》第 15 页)

54. 沈汉玉

1934 年生,岱山高亭人,育有一子家望,一女弋仙。六岁入高亭小学学习,1946 年考入宁波浙东中学,一年后转学至舟山中学,1949 年初中毕业。回乡后曾在高亭大岙小学任教半年,1950 年初就职于高亭渔会任文书,同年 5 月 15 日晚在家中被掳去台湾。入台后在军中任通讯兵,驻防于金门。后在"金门中学"上高中,吃住仍在军中,二年后调防至台湾岛,在台湾岛完成高中学业。毕业后因军籍缘故,只能报考军事院校,于是选择了"国防医学院",经过六年的学习,毕业后获医学博士学位。曾任"三总"外科住院医师、住院总医师,专长外科。1969 年去美国纽约西奈山医学院深造,又经过六年的学习后,从头开

沈汉玉
(1934—)

始,从住院医师、主治医师到住院总医师。1992 年起任纽约西奈山医学院外科副教授、纽约市市立(ELMHUST)医院外科第二组主任医师。曾于 1981、1989、1993 年荣获西奈山医学院外科最佳主治医师。1998 年,沈汉玉被台湾"国防医学院""中央军事院校校友总会"评为国内外十大杰出校友。1979 年 11 月,第一次从美国回祖国探亲。

(《天南海北舟中人》,《私立舟山初级中学学籍册 1949—1950 年毕业初中学生》)

55. 张晓耕

又名孝根,字澹人,号邻陀山人,1889 年生,定海展茅人,父亲为张明标,字子良。早年就读于宁波府中学堂(浙江第四中学),因参加学潮被校方开除,愤而自费留学日本,学习法律。1915 年 5 月,在沈家门宫墩开办洛舵乡锐进小学,任学校董事长。1916 年 7 月担任定海县沈家门商会会长。1924 年在展茅老家创办"张氏启后小学"。1925 年任定海县参议会议长,因妥善处理衢山"沙灶"民争,岛上民众感念其恩德,将一条路命名为"张澹人路"。1931 年,捐建沈家门存济医院门诊楼,任医院董事长。

张晓耕
(1889—1939)

1932 年,张晓耕向政府提议在沈家门岙设建制镇,并成为首任镇长,任期长达 6 年。1934 年捐资建造鹤龄泉。1935 年率众请愿商借渔本,最终取得沪杭七家银行 30 万元贷款。1939 年病逝。

(《中华全国商会联合会会报》1916 年 3 卷 9—10 期第 250 页,《展茅镇志》第 124 页,《普陀县志》第 1091 页,海潮人文《朝气蓬勃的富家子弟》,《展茅镇张氏宗谱》第 9 页,《莳里剩稿•存济医院张子良太翁功德碑》)

56. 张行周

　　字彤,本名瀛洲,学名世黉,1918年生,定海城关人。妻子胡封如,育有二子宪成、宪治,三女近永、连永、逸永。1934年,从定海公学小学毕业,后就读于定海中学,从上海三极无线电学校毕业后参加抗战。曾任舟山防卫部稽查处上校秘书。1950年退役,全家前往台湾,任台湾地区"中国联合通讯社"社长发行人,创办"民主出版社",担任在台浙江、宁波、舟山同乡会的发起人或组织者。是《浙江同乡》《宁波同乡》

张行周
(1918—2010)

《舟山乡讯》主编,著述有《瀛海同舟》《浮生小记》系列、《故国乡情》等。担任台北市舟山同乡会常务理事,曾多次带团回乡交流,在青陵修建台胞公墓,捐资舟山中学、东海学院。

　　(《天南海北舟中人　第四辑》第347页,《舟山乡讯》2010年第138期第5页,《定海旅台人物录》第58页,《舟中暨附小级纪念刊学生名册》1934年8月,《舟台交流的历史记忆》第19页)

57. 张宗安

　　1923年7月生,女,定海城关西门井头弄人。1938年在定海初级中学读书。1942年就读于大同大学、沪江大学英文系。1945年加入中国共产党。次年在上海中国福利基金会工作,任宋庆龄秘书。1950年10月,调至中央军委总政宣传部对敌工作部任助理员,曾被派往朝鲜负责教育美军俘虏。常前往朝鲜了解美国士兵思想、爱好和风俗习惯,转化工作卓有成效。1955年从部队转业到外交部国际司,先后任副科长、科长、副处长、处长。1955年至1961年曾主持我国关于联合国裁军问题的调查研究。参加世界和平理事会和国际民主妇联大会,陪同李德全部长出访巴基斯坦,和周培源、于光远在普格瓦士参加讨论裁军的科学家会议,宣传我国政府对裁军问题的原则立场。1971 年我国恢复联合国席位后,张宗安作为中国代表团成员,主管联合国经济和社会领域工作。1971 年至 1984 年,多次出席联合国经济社会理事会、亚洲及太平洋经济和社会委员会年会、联合国大会、联合国贸易和发展会议第六届大会等。1980 年至 1984 年任我国常驻联合国代表团参赞时,在主管联合国经济、社会和财政领域工作期间,努力扩大我国影响力,广泛结交第三世界的许多朋友,在各国代表中赢得了尊重和信赖,为促进南北对话、建立国际经济新秩序作出了贡献。同时还结交了许多联合国经济社会机构的负责官员和一些友好的发达国家的朋友。在外交界辛勤耕耘二十九年,为开展经济外交,引进联合国和一些发达国家对我国的经济技术援助,促进我国的社会主义建设,做了大量工作。

（《舟山市志》第 797 页,《天南海北舟中人》,《私立舟山初级中学学生学籍册 1938 年》）

58. 陆宝珊

1925 年生,祖籍定海城关。早年就读于舟山中学。1945 年,从上海圣约翰大学土木工程专业毕业,被授予理学学士学位,曾在福州、上海等地任土木工程师。1948 年,去新西兰堪德培尔大学任建筑工程系教授,后转为工程经济管理理论的研究博士,经常前往欧美以及港澳等地进行讲学,参加学术交流活动。曾为我国政府代表团出访新西兰担任翻译。1983 年应国务院有关部门邀请,到上海、北京、武汉、兰州等地进行讲学和学术交流。自 1973 年回乡探亲以来,曾两次为舟山的工程技术和管理人员举行学术讲座,并向有关部门赠送工程技术资料。1984 年在新西兰病逝。

（《舟山人在世界各地》第 48 页,《上海圣约翰大学（1879—1952）》第 493 页,《天南海北舟中人 第四辑》第 31 页）

59.陆本瑞

别名洛山,1929 年 12 月生,定海人,中共党员。育有两子一女,儿子陆岩在从事艺术创作工作。1946年毕业于定海县立中学,1948 年就读于上海美术专科学校夜班西画系,擅长书籍装帧。1949 年 7 月参加中国人民解放军西南服务团,随二野大军南下,在新闻出版中队负责宣传鼓动工作。重庆解放后,历任新华书店西南总分店宣传科长、编刊科长,1954年 11 月大区撤销后调到北京,任新华书店总店图书发行报编辑,国务院

陆本瑞
(1929—2022)

出版口业务组干事,国家出版事业管理局出版部副主任,文化部出版局综合业务处处长,分党组成员,副局级专员等职。曾任中国出版科学研究所常务副所长、编审,兼任《出版参考》半月刊主编。为中国出版工作者协会第二届理事,中国广告协会第一、二届常务理事,中国书刊发行业协会第一届常务理事,中国美术家协会会员。1990 年,结合出版教育研究撰写的论文获得全国出版科研优秀论文奖,担任《新闻出版署直属高等院校出版专业设置及可行性研究》课题组组长,其研究成果获 1991 年度新闻出版署科技进步奖。主持全国高等院校编辑出版专业统编教材的编审出版工作,组织专家、教授撰写和评审编辑学、出版学方面的 18 本教材,列入国家教委专业教材"八五"规划。曾多次出席过国际性会议,1979 年在曼谷参加亚洲地区出版专家研讨会,1982 年在巴黎参加世界图书普及大会,1988年在新加坡出席国际出版与印刷大会,还先后前往美国、前苏联、日本、保加利亚、匈牙利等国进行考察、访问和学术交流,并在日本、德国刊物上发表过多篇论文。在国内报刊上撰写发表的文章约 20 多万字,主编有《世界出版概况》《出版教育研究论集》等书,在《人民日

报》《光明日报》《文汇报》《福建画报》等 40 多家报刊发表速写美术作品一百多幅。出版有《西南游踪速写》《异国风光速写》等画集。1992年由国务院颁发证书,享受政府特殊津贴。

（《天南海北舟中人》,《我的老父亲陆本瑞》,《定海县立初级中学学籍册 1946 年度毕业生》,《舟山人在海内外 第一辑》第 100 页）

60. 陈引笙　陈忠保

陈引笙,字顺德,定海人。1930 年东南医学院毕业。1911 年在上海东有恒路（东余杭路）开设中国疯人院并任院长,历时 23 年。心系病弱,慈爱扶贫,受众多病人家属和社会称赞。

（《东南医学院八周纪念特刊》1934 年第 79 页,《近代上海甬籍名人实录》第 185 页,《虹口区志》第 1101 页,《近现代报刊上的宁波 下》第 517 页）

陈忠保,1915 年 3 月生,定海人。上海东南医学院壬申级（1933年）医疗系毕业,医学士。1945 年苏州东吴大学法学院法律系毕业,被授予法学士。在上海任中国疯人医院医师。后为司法部司法鉴定科学技术研究所研究员,专长司法精神病学、行政法学。1982 年著有《应用司法精神病学》,发表论文和著作等 48 篇共 80 万字。

（《东南医学院八周纪念特刊》1934 年第 88 页,《民国时期医药卫生文献集成》第 318 页,《上海高级专家名录 第一卷》第 39 页）

61. 陈汉清　陈嗣清

陈汉清,又名嗣业,1898 年生,定海小沙人,生于上海,陈宗绪长子,陈嗣清之兄。1916 年考入圣约翰大学,1920 年文学士毕业,后在上海东吴大学攻读法律。1928 年,成为上海法科大学大学部第一届法律系毕业,获法学学士学位。后任司法部派充江苏地方法院候补推事,留部办事。1926 年任南京第二小学校长。1931 年获律师证,先后在北平、南京当律师,担任重庆招商局等单位法律顾问,曾任下关顺和洋灰公司经理,光华化工工业社董事长等。义务兼任南京分会宣导科英文事务,在联合大学主讲《法学通论》,为重庆律师公会会员。1948 年前往台湾,继续从事律师业务,担任台湾地区"中国石油股份有限公司""华隆股份有限公司""邮政管理局"等单位法律顾问。曾任台北市舟山同乡会第六届理事长。1961 年前往美国波士顿定居。

（《东吴、沪江、之江联合大学校刊》,《俭德储蓄月刊》1926 年 7 月第 16 期,《定海县志·选举志》,《约翰年刊》1920 年第 128 页,《定海旅台人物录》第 95 页,《上海圣约翰大学（1879—1952）》第 452 页,《上海法科大学三周纪念特刊》1929 年第 26 页,《上海法学院一览》第 89 页,《昌国文博》第 153 页）

Zung Hoen-tshing (陳漢清),
Chekiang (浙江, 定海)

Class Chinese Debating Team ('18); Quarter-master of the University Battalion ('18, '19); Treasurer of Chants Academy Alumni Association in St. John's ('18, '19); Secretary of The Students' Lecturing Group ('19, '20); General Secretary of St. John's Boxing Club ('19, '20); Head of the Social Committee of The China National Students' Federation ('19, '20); Member of Faculty of St. John's Students' Free School ('19, '20); Class Treasurer ('20).

"Zung" is a handsome fellow. His good disposition makes him agreeable to everybody. He takes great interest in public works. Hence we always find him writing orders and notices for different organizations. He may be called a philosopher of "Man," for he is seriously trying to find out "What is the real purpose of having mankind in this world?" He is also noted for his profoundness in law.

法學士　陳漢清　浙江定海人年三一歲

係之癸約大畢業後旨入東吳法科治律有年乃赴富經期以商人地位向救國之途前進不意連年內戰當其衝影響所及民生為之憔悴百業為之凋敝社會則枯窘不安環境則瘡痍滿目益信政治不入軌道一切均莫由發展退而更求治道於本校以增進此後努力之效率乎美大學之畢業日稱為開始日覺國難方殷尚恥未雪則今之畢業正更大努力之開始余願與畢業同學共勉之也

漢清自序

陈汉清学位照

陈嗣清，又名嗣庆，1913年生，定海小沙人，生于上海。东吴大学毕业，后又进入上海复旦大学法律系深造。1940年在上海、南京等地开办律所。1948年担任台湾地区"中国石油股份有限公司""邮政管理局"法律顾问。1948年携妻缪进兰、子陈圣和、女陈田心和陈平（著名作家三毛）前往台湾，任台湾地区"中油股份有限公司"法律顾问。曾任台北市宁波同乡会监事、主委，台北市舟山同乡会理事长。1997年6月，在台北病逝。

陈嗣清
(1913—1997)

（《定海旅台人物录》第96页，《舟山历史名人谱》第259页，《台北市宁波同乡会会史》1990年第16页、第19页、第24页，《宁波帮大辞典》第156页）

62. 陈能才

1910年生，定海城关人，上海文华大学毕业。曾任上海中华煤油公司总经理。1949年，任上海华威银行董事长兼总经理、中国皮鞋公司董事长等职，在上海企业界颇具声名。1949年前往台湾，继续经营工商业，创设"中华毛纺厂"公司，任董事长兼总经理，为台湾毛纺业之创业先驱。曾任台湾侨资生产促进会理事长、台北市宁波同乡会理事。

陈能才
(1910—1983)

（《宁波帮大辞典》第156页，《浙江在台人物录》第137页，《舟山人在世界各地》第55页，《秦润卿年谱长编》第546页，《台北市宁波同乡会会史》1990年第11页）

63.陈亚芳

女,1914 年生,定海城关竺家弄人,出生于英国,是陈镇汉(字品梅)与胡璧人的女儿。长期随父母旅居上海,毕业于金陵大学,参加过爱国学生动动。与国民革命军陆军中将张湄行(追授上将)结婚,后为川将王士俊(字学姜)中将夫人。抗战期间,投身军旅,在洛阳第一战区担任兵站总部卫生处少将监督长。后在成都督办"春笙纪念农场"、鄂北"亚洲伤残人员救济农场"。去台后与时任"台北市电信局长"的金耀辉结婚,在台北创办幼儿园。担

陈亚芳
(1914—2000)

任台北市宁波同乡会妇女委员,台北市舟山同乡会监事。应邀担任"中外杂志社"特约撰稿人,编撰《张将军湄行烈士传》。曾回乡探亲。

(《陈亚芳将军传奇》,《定海旅台人物录》第 85 页)

64.陈达夫

曾用名郑道符、陈川、陈实澜等,1919 年 1 月生,定海人。1935年毕业于舟山初级中学,1937 年毕业于上海正风中学高中部,中共党员。1937 年全面抗战爆发后,在定海参加抗敌后援会宣传工作队,成立了以宣传抗战、介绍进步书刊为宗旨的小小图书馆。1938年 3 月,中共浙江特委在定海建党时,陈达夫参加地下党。1939年 6 月 23 日定海被日军占领后,陈达夫于 11 月到干碶参加定海县政工队。1940 年 2 月 24 日,与政工队长郑建华以及另外四名队员在紫微被下乡扫荡的日军逮捕。经多次审讯,始终未暴露队长、副队长及其他队员。3 月 1 日被解送到上海日军第三舰队军法看守所。10 月 9 日经家属营救保释。于 1942 年初回到定海,从事英文翻译工作,翻译了契诃夫短篇小说和普希金小说共计十余万字。1944

年8月,到岱山西河乡中心小学任教导主任。9月8日傍晚,陈达夫被日伪保安大队以与中共三五支队有联系的罪名逮捕,被捕期间曾受刑。次日傍晚,由姜立钢保释。1946年6月,参加由进步作家领导的上海市文艺青年联谊会。1947年秋,考入东吴大学法学院学习。1948年1月初,在东吴大学参加进步组织民光团契,同年秋,民光团契成为地下党的外围组织。后参加地下宣传队,迎接上海解放。1949年6月,响应党的号召,报名参加华东随军南下服务团,到达福州后被分配至福建人民革命大学组织处任保卫科干事。1950年5月,到青年团福安地工委任宣传干事。1951年毕业于上海东吴大学法律系,1952年起,先后在三都福安联合中学任教务主任、教导主任,霞浦一中、福安师范学校任副校长,福安师范专科学校任教务处主任。1975年10月,调至宁德地区教师进修学校任副校长。1979年任宁德地区教师进修学院副院长,直到1983年10月离休。

（《定中校刊》1934年第3—4期第144页,《舟山人在海内外第二辑》第73页,《天南海北舟中人》)

65.陈志竞

字明夫,1919年生,定海人。毕业于上海中学,1942年西南联合大学政治系毕业。曾任重庆《中央日报》编辑,1943年进入了为青年军培养骨干的三青团中层干部学校,成为政工干部训练班第一期的学员。1944年,抗日战争局势胶着,毕业后由蒋经国授意以政工干部身份加入青年远征军(简称青年军)。1945年到上海,担任大上海青年服务队、上海市政府民政处指导员,第二十区杨浦副区长,第二十五区新泾区长,上海参议员。1947年,归队青年军,任上海青年军总干事,少将军衔。1948年为蒋经国"铁血救国会"之"中正学社"社员,参与上海"打老虎"。1949年担任上海明志小学校长。上海解放前夕,携就读于浙大医学院的宁波籍未婚妻洪氏抵达香港,1950年下半年回到内地。1951年投案自首,因蒋匪特分子被判死缓入狱。1975年重获自由,到南汇上海国棉二厂工作,任厂校英文和数学教师。1980年改判无罪,在上海市政协办公厅任专员。2015年7月去世。

　　（《近代上海甬籍名人实录》第 191 页,《不问东西：西南联大在沪校友访谈录》第 62 页）

陈志竞任明志小学校长时的签名

66. 陈玉书

　　1920 年生,定海城关人。早年从上海交通大学毕业后前往美国留学,获麻省理工学院造船工程硕士学位。曾任江南造船厂主任工程师。1961 年在美国纽约创办海上企业公司。1967 年开辟中国台湾省和美国货运定期航线。1974 年被台湾"中华学术院"聘为院士。

　　（《宁波帮定海商人》第 207 页,《舟山人在世界各地》第 51 页,《宁波帮大辞典》第 152 页）

67. 陈蕙娟

　　1922 年生,女,定海人。1937 年毕业于舟山中学,1941 年毕业于上海爱国商科。1950 年考入中国花纱布公司华东区分公司工作。二十世纪三十年代创作的《我的童年故事》刊登在《大公报》并被评为佳作。四十年代在与知名律师史良才访谈后,写就《妇女与婚姻》刊载在进步刊物《妇女》杂志。五十年代所写的《假凤虚凰》,由知名画家董天野创作插画,揭露了当时社会上名利观点和虚荣思想,引起了很大反响。八十年代撰写的《我所认识的袁仰安先生》和《舟山中学上海校友会史话》分别刊载于《舟山市文史资料》第一、二辑。其中关于"袁仰安"先生的文章,记述了这位蜚声海内外出版界、电影界巨擘的事迹,并被《浙江省文史资料》所转载。当袁仰安阅见《舟山市文史资料》后,立即派人专程至舟山中学捐助奖学金,那年适逢舟山中学七十周年校庆。陈蕙娟曾向在沪访问的舟山市政协主席王守明等反映加强与海外舟山籍人士联系的具体意见,并建议派代表团赴香港访问。后访问团成行,受到香港舟山同乡的热烈欢迎,并成立了香港舟山同乡会,既联络了港舟之间乡情,也达到了预期实效。

(《舟山人在海内外 第二辑》第 76 页,《天南海北舟中人》)

68. 陈毓苑　陈毓蔚

陈毓苑,女,1926 年 1 月生,定海城关仓河泮人,中国民主同盟成员。1936 年就读于舟山初级中学,后毕业于上海启明女中,1948 年从震旦女子文理学院教育系毕业,被授予文学学士,是《震旦》编委会副主席、美术编辑。毕业后曾在上海、南京两地中学执教,在南京时兼任民盟基层组织负责人。1960 年后调入江苏省重点中学之一的镇江市第一中学任英语教师兼外语教研组组长,于 1986 年退休。退休后代表民盟镇江市委和镇江船舶学院(现改为华东船舶工程学院)联合创办职业高中学校,并负责校务和班务工作。八十年代初被选为镇江市人民代表,地区改市后还连任两届市政协委员。曾被评为江苏省"三八"红旗手。1981 年 11 月,出席在南京召开的江苏省各民主党派和工商联举办的四化建设服务经验交流会,会上介绍自己的教学经验。在地区改市前,参加镇江地区十个县市的外语教学经验交流会,在大会上介绍了自己教学经验体会。

(《震旦女子文理学院一九四八年毕业纪念册》第 30 页、第 121 页,

《天南海北舟中人 第四辑》,《私立舟山初级中学学生学籍册第二册1936 年 7 月—1938 年 2 月》,《舟山人在海内外 第一辑》第 139 页）

陈毓苑旧照

　　陈毓蔚,女,1931 年生,定海人,中共党员,女儿江柳。1946 年末毕业于定海县立初级中学,次年进入上海震旦女中学习,1953 年毕业于上海复旦大学化学系。1956 年至 1960 年留学莫斯科,在苏联科学院地球化学、分析化学研究所攻读研究生,获我国第一个同位素地球化学候补博士学位。曾担任中国科学院广州地球化学研究所研究员、教授、博士生导师。1980 年获全国“三八”红旗手称号,1994 年获中国地质学会专委会授予的我国第一代同位素地质年代学专家突出贡献荣誉证书。历任中国科学院地球化学研究所副所长、技术委员会主任、学位评定委员会主任,《地球化学》杂志编委会副主任,中国《海洋与湖沼》编委委员,广州市科技翻译协会副理事长,广东省高级科技职称评委,地质矿产部同位素地质开放实验室学术委员会委员。四十余年来,一直从事分析化学、放射化学、同位素地球化学的研究工作,参与创建我国第一个同位素地质实验室,培养出一支专业的科技干部队伍;还参与为中国科技大学编写第一份《同位素地质年代学》讲义,并教学与培养专业学生队伍,填补了我国同位素地质学科的空白。参加完成了我国一些重要地区(华南、西藏、东北和华北地区)的同位素年代学的研究,提出我国矿石铅同位素组成分类及其与中国大陆地壳演化的制约关系论点。与同事一起,发展和推动铅同位素地球化学理论和应用领域,在国内外引起反响。陈毓蔚参加我国南沙等重要海域的综合调查研究课题,开展海洋古环境和古气候演化的同位素地球化学研究。同时,密切关注广东珠江三角洲地区的环境演化问题,试图将同位素地球化学学科知识与技术力量引入环境科学研究之中,为我国港口建设、海洋矿产资源开发及环境污染控制对策提供重要信息。在国内外发表论文和专著八十余篇(部),培养出多名硕士生、博士生,多次获中国科学院自然科学奖和中国科学院科学技术进步奖。1991年获国务院颁发的政府特殊津贴。曾多次赴美国、加拿大、澳大利亚、日本、新西兰、前苏联、匈牙利和香港等国家和地区参加国际会议或考察访问,1988年至1989年曾在加拿大安大略省皇家博物馆地质室工作半年,在积极开展科学研究与各国科学家进行学术交流等方面均作出了重要的贡献。

（《天南海北舟中人》,《定海县立初级中学学籍册1947年度第二届毕业生》,《舟山人在海内外 第一辑》第141页）

陈毓蔚(右二)与友人合影

69.陈振裕

1928 年 1 月生,定海人,中共党员。1943 年 6 月从舟山中学初中毕业,1946 年从上海震旦大学附属高中毕业,1950 年毕业于上海震旦大学理工学院电气系,获工学学士学位。二十世纪 50 年代至 90 年代先后在东北统计局、国家统计局工作。曾任国家统计局工业交通物资统计司司长、国务院全国工业普查办公室副主任,并兼任中国质量管理协会第三届理事会常务理事、《中国国家经济地图集》编纂委员会委员、中国工业经济学会会员、山东经济学院兼职教授、中国投资咨询公司专家委员、全国第一届统计教材编审委员会委员、《统计研究》和《统计译众》编委、《统计与管理》常务编委、全国工业统计学教学研究会顾问、中国统计师事务所副理事长及副所长等职务。1982 年 8 月被评为高级统计师,曾多次担任中国统计代表团团长去美国、加拿大、南斯拉夫、日本、德国、西德、比利时、新加坡、香港等国家和地区考察工业普查、工业统计及钢铁统计工作。1991 年 8 月退休。著有《论工业生产发展速度》《改革工业发展速度统计方法的几点意见》《中国 1985 年工业普查的质量保障和质量控制》《谈谈工业产值指标》等 80 多篇有关统计和经济方面的论文,先后在《经济日报》《统计研究》《统计工作》《统计与管理》《财政》《中国统计》等报刊杂志刊载。编写的专著有《中国工业现状》《中国 1985 年工业普查资料分析国际研讨会论文集》《迈向新台阶——90 年代中国工业发展大趋势》《工业统计工作手册》《工业统计》《企业统计分析》《市场经济大百科全书》《统计大辞典》《工业统计学》《工业企业经济活动分析》《新工业统计制度与会计制度配套改革要览》和《中国统计大全——社会及经济发展(1949—1989)》等。《全国工业现状普查、企业现代化管理中的应用》于1991 年 6 月获国家统计局颁发的全国统计科学研究优秀成果三等奖。《中华人民共和国国家经济地图集编制研究》于 1997 年 12 月获国家科委颁发的国家科学技术进步三等奖。

(《天南海北舟中人》,《舟山人在海内外 第一辑》第 127 页)

70. 陈懋文

1928 年 8 月生，定海小沙人，中共党员。1946 年毕业于舟山中学。1952 年 8 月，毕业于华东师范大学数理专业，曾任上海市杨浦区机关干部学校教师，上海市杨浦区科学技术协会学会部、培训部负责人，咨询服务中心顾问。1981 年起，历任上海市杨浦区业余大学讲师、副教授、专业主任、教务主任、校长。1989 年 10 月退休后，参加上海市退（离）休高级专家协会，先后创办上海台联经济科技咨询服务公司、上海台联科技有限公司、上海科教进修学校等单位。后任上海市杨浦区台胞台属联谊会理事、常务副会长，上海科教进修学院院长、法人代表，上海台联科技有限公司董事长兼总经理、法人代表。二十世纪五十年代结合教学工作着重研究无线电电子技术及自动控制技术，为工厂企业技术革新及培训电子技术人才作出了贡献，获多项荣誉。六十年代初，编著《初级无线电基础》《实验来复式半导体收音机》等书，由上海科学技术出版社出版。八十年代主编《模拟电子技术基础》《电工电子技术》等成人高校教材，由机械工业出版社出版。主编上海市区办业余大学《教学大纲汇编》两辑，又为高等教育出版社主审中专教材《电子技术基础》等书，先后发表《上海市社区高中后教育初探》等各类文章 20 余篇。1989 年 4 月 20 至 25 日，陪同堂妹三毛（著名作家）首次来舟山寻根探亲，并在《新民晚报》《联合时报》《舟山日报》《文化与生活》《旅游天地》《妇女之声》《海峡之声》《浦江之声》等报刊电台发表十余篇介绍三毛的文章。近年来，为三毛祖居正式对外开放，积极配合小沙镇政府牵线搭桥、提供资料、捐赠三毛遗物，并在《人民日报》《上海侨报》等报刊电台介绍三毛祖居开放情况。在几十年的工作中，先后获得上海市职工教育先进工作者、上海市教育局职工教育先进工作者、杨浦区先进工作者、上海市杨浦区社会团体先进工作者，上海市杨浦区政协、统战系统先进工作者等荣誉称号。

（《天南海北舟中人》，《上海高级专家名录 第一卷》第 368 页，《定海县立初级中学同学录 1946 年 7 月》）

71.陈政备

　　1928 年 9 月生,普陀蚂蚁岛人。1942 年起,就读于舟山中学、鄞县联中和上海敬业中学。1949 年,上海法政学院政治专业三年级上半学期在读。1949 年 9 月考入中国人民解放军华东军政大学,毕业后在第十二步校、华东军区第二速成中学任教,立三等功两次、四等功一次。1955 年 1 月转业,先后在舟山专署文教局、岱山中学、舟山商校、宁波商校工作,曾任教研员、教研组教学顾问等职。曾当选为宁波市海曙区人大代表、宁波市政协委员、宁波市社会科学界联合会理事、宁波市逻辑学研究会会长、宁波市中专语文教学研究会顾问、浙江省逻辑学研究会理事。1982 年被评为讲师,1987 年被评为高级讲师。1946 年读高中时,就在上海《正言报》上发表过杂文。1956 年以来,在《浙江日报》《舟山日报》《东海》文艺月刊、《舟山渔歌选》上发表诗歌二十多首。1980 年以后,在《教学与研究》等发表有关语文教学、逻辑、"红楼梦探讨"等文章二十多篇。曾参编《中国古代文学作品选》的自测题与答案,主编商校教科书《实用语文》。1989 年离休。曾任宁波市民进业余外语学校副校长,教逻辑、历史、语文等课程。

　　(《天南海北舟中人》,《法政学院三十八年级毕业纪念刊》1949年第 66 页,《舟山人在海内外 第一辑》第 125 页)

72.陈娟美

　　小名九妹,1929 年 7 月生,定海人,出生于武汉,丈夫为圣约翰大学同学军事医学科学院的马贤凯,育有 3 个女儿,均出国学习或工作。初中毕业于上海南洋模范女中,高中毕业于上海第一女中,1948 年考入上海沪江大学文学系,一年后转圣约翰大学新闻系,1952 年 8 月毕业,被授予文学学士。曾任新华社摄影记者、编辑、技术研究室副主任,《摄影世界》主编、高级记者。1959 年获"全国三八红旗手"称号,曾任中国摄影家协会常务理事。主要作品有

《欢喜》《闹天宫》《红灯记》《当毛主席进入会场时》《欢送》《毛主席校阅毛选四卷》《毛泽东照片选集》《彩虹，飞瀑》《都市风光》《滤色镜》《挂上公私合营的招牌》。

（《上海圣约翰大学（1879—1952）》第 522 页，《昌国文博》第 154 页，《陈娟美：上级交给我的任务我都很好地完成了》，《舟山人在海内外 第一辑》第 132 页）

新华社摄影记者 陈娟美

73. 陈银莲

女，1930 年 6 月生，定海沈家门人，陈满生次女，丈夫为太原人晋聪。1947 年，任甬江女中学生自治会康乐股负责人，1948 年在《甬江声》发表文章《帆》，同年从宁波甬江女中毕业。1949 年秋，就读于"台湾省立师范学院"，1953 年中文系毕业。1972 年留学就读于美国华盛顿特区乔治城大学，获得语言学硕士学位。1953—1963 年任台北市"第一女中"和"师大附中"的中文教师，1965 年迁居美国，应聘为纽约州瓦萨学院中文教授，开展华语教育。其事迹收录于《亚裔美国名人录》中。曾获全美中国语言学会汉语教学杰出成就奖。曾回乡探亲。

（《定海名门》第 322 页，《甬江声》1948 年创刊号第 24 页、第 25 页）

74. 陈康年

1933 年 12 月生，定海人，中共党员。1947 年冬从舟山中学初中毕业，1947 年就读于鄞县三一高中春始一年级，1949 年 12 月从鄞县三一中学高中毕业。同年进入宁波市人民政府公安局工作，任办事员、文化教员、侦察员等职务。1954 年考入北京清华大学机械系。1959 年毕业后在本校机械系机械压力加工专业和冶金系材料专业读研究生。1964 年分配至广州华南理工大学机械系材料热处理专业，先后任助教、讲师、副教授、教授。1984 年调至深圳大学，先任深华科技咨询开发公司总经理，后任科研设备处处长。1994 年退休后，被聘为深圳市企业博士后工作站、深圳大学高新技术企业分站负责人、项目指导专家，曾兼任广东省金属热处理学会理事长。参加编写《金属学》（上海科技出版社出版）、《金属学教程》（机械工业出版社出版），发表的论文有《Al－Cu4％合金二次形变的时效强化》等，参加过开发研究金属表面合金化等多项科技项目。任职期间曾去新加坡、美国等地进行高等学校、高新科技公司的访问和考察。

（鄞县《三一校刊》1947 年第 4 期第 26 页、1949 年第 8 期第 27 页，《天南海北舟中人》）

75. 陈联寿

1934 年 3 月生，舟山沈家门人，祖籍惠安，中国工程院院士、大气科学家。1949 年毕业于定海县立初级中学，1952 年，从上海市立格致中学高中毕业，1957 年毕业于南京大学气象学系。同年分配到中央气象科学研究所、中央气象台工作。1979 年，科学出版社出版了第一部专著《西太平洋台风概论》，填补了国内研究空白，引起亚太经社理事会（ESCAP）和联合国世界气象组织（WMO）台风委员会以及国内外专家的好评和重视。1982 年赴

陈联寿

（1934—　）

美国科罗拉多州立大学大气科学系从事热带气旋科学研究，1984 年回国后继续从事台风研究。并先后任中央气象台台长、国家气象中心副主任、中国气象科学研究院院长、研究员、南京大学兼职教授、博士生导师。先后兼任国家气象局科技委员会副主任、中国气象学会副理事长。同时还先后在国际上兼任 ESCAP/WMO 台风委员会研究专家组（SRCG）成员，台风委员会年度报告（TCAR）

编委,WMO 海洋气象委员会委员,大气科学委员会(CAS)热带气象研究计划(TMRP)成员,国际科联(ICSU)世界数据中心(WDC)中国分中心气象学科中心主任,WMO 国际热带气旋科学大会(IWTC)组委会委员、专题主席、大会联合主席,中日青藏高原大气科学试验协调委员会(JCC)主席。后任中国气象科学研究院研究员、博士生导师、中国气象学会副理事长、中国气象学会第 24 届天气与极地气象学委员会主任委员、系列性国际热带气旋科学大会(IWTC)专题主席、组委会成员、大会主席、中日高原大气科学试验协调委员会(JCC)主席。陈联寿长期从事天气动力和热带气旋的研究和预报工作,担任国家"八五"科技攻关项目"台风科学试验和理论研究"课题主持人,对热带气旋作了系统性和开拓性研究,揭示了台风机理的新事实,得出了台风非对称结构对其运动影响等多项创新研究成果,具有创导性和应用性,对国内和国际台风研究起了重要推动作用,是我国台风科学研究的学术带头人。同时,他还担任国家攀登 B 计划工程与技术重大基础研究青藏高原地气物理过程项目(TIPEX)首席科学家。1998 年上高原指挥和实施了国际著名的第二次青藏高原大气科学试验,首次获取了系统、优质的高原大气边界层宝贵周密的资料,对青藏高原地气物理过程及其影响的基础研究作出了重要贡献。1999 年当选为中国工程院院士,长期负责全国范围灾害性天气预报警报的制作和发布。他开创了全国电视天气预报动态显示业务系统,收视率高达 5 亿,由全国气象部门推广。他还开创了天气预报会商室的现代化技术改造,使其首次具有资料图像检索、加工处理和分发的功能,已普及至全国气象台站,改变了我国天气预报环境和方式落后的传统格局。在人才培养方面,已培养博士生、硕士生 20 名,在国内外学术刊物发表论文 150 余篇,出版中英文合作专著多部。曾获国家科技进步二等奖、三等奖 2 次、省部级科技进步奖一等奖和二等奖等。1988 年获得国家有突出贡献中青年专家称号,1991 年国务院授予其政府特殊津贴。陈联寿的事迹被收入《英国剑桥国际传记中心世界名人录》《美国传略研究院名人录》《首届全国留学归国人员科技成果展》《中国人物年鉴》等。他曾主持第二届和第三届国际台风特别试验(SPECTRUM-

90)学术大会,担任第一、二、三届国际热带气旋科学大会(IWTC)专题主席(分别在泰国、菲律宾和墨西哥举行),第四届国际热带气旋科学大会联合主席,第四届国际台风与中纬度环流系统相互作用科学讨论会主席(在美国塔拉哈西市举行),担任第一届和第二届国际高原大气科学试验学术交流会主席,第一至四届 TIPEX—GAME/Tibet 协调委员会届会联合主席(分别在北京、日本京都、上海、日本筑波举行),担任第九至十一届全国热带气旋科学讨论会主席。

(《天南海北舟中人》,《科技创业月刊》2009 年第 6 期第 1 页)

76. 武书常　武书言　武书尚　武书纲　　武书麟　武书棠　武书盈　武书鼎

武书常,字孟申,定海人。1916 年南洋中学四年级毕业,1917 年就读于交通部上海工业专门学校预科班,1920 年铁路管理科毕业。1920 年留学美国,1923 年于本薛文理大学实业管理科毕业。1923 年任澄衷学校教职员。1930 年捐款建设交大同学会所,任上海交通大学管理学院讲师,后任交通大学铁道管理学院教授。曾任职沪宁、沪杭甬两路局及浙赣局,暂调浙建设厅交通管理处。1921 年,武书常曾加入俭德储蓄会,也是留美学生组织"兰集"成员。

武书常任管理学院
讲师时的照片

(《定海县志·选举志》第 2 页,《澄衷》1923 年 5 期第 77 页,《南洋友声》1930 年第 10 期第 5 页、第 19 页,《交通部上海工业专门学校——南洋公学二十周年纪念》第 61 页,《政府公报》1921 年第 1785 期第 5 页,《交通大学校史资料选编　第一卷》第 658 页,《交大年刊》1931 年第 53 页,《南洋大学 30 周年纪念校友录》1926 年第11 页、第 74 页、第 200 页、第 208 页)

武书言，字右箴，定海人，妻子是慈溪孔照锡（字东皋、号声伯）长女。1915 年 7 月从澄衷学校旧制中学毕业，1916 年南洋中学毕业，1917 年交通部上海工业专门学校预科班在读。

（《澄衷》1922 年 2 期第 93 页，《澄衷校史资料（第一卷）》第 222 页，《交通部上海工业专门学校——南洋公学二十周年纪念》第 62 页，《南洋大学 30 周年纪念校友录》第 74 页，《四明慈水孔氏宗谱卷十九》第 116 页）

武书尚，字次申，定海人。1919 年上海圣约翰大学附属中小学校毕业，1923 年上海圣约翰大学文科毕业，文学学士。1924 年至 1933 年任澄衷学校教职员。

（《定海县志·选举志》第 2 页，《澄衷》1924 年 7 期第 75 页，《澄衷半年刊》1933 年 10 期第 14 页，《澄衷校史资料（第一卷）》第 222 页，《约翰年刊》1923 年第 177 页，《上海圣约翰大学附属中小学校回忆集》第 198 页，《上海圣约翰大学（1879—1952）》第 454 页）

武书尚毕业照片

武书纲,字立侯,定海人。1917年7月从上海南洋大学附属小学毕业,1918年7月从澄衷学校旧制中学毕业,后毕业于上海交通大学。曾任上海中易信托公司办事、上海立新公司经理、衍康铁号国外贸易部主任。1921年任澄衷中学教员。1927年自设汉利笔行,任总经理。

(《澄衷》1921年1期第120页、1925年8期第95页,《南洋大学30周年纪念校友录》第74页,《澄衷校史资料(第一卷)》第223页,《近代上海甬籍名人实录》第209页)

武书麟,字毓麒,定海人。1917年进入澄衷学校中学念一年级甲级。1920年进入南洋中学三年级,1922年毕业后任《交大月刊》编辑。1926年从交通大学机械系铁路管理科毕业。任上海浙江兴业银行职员,后为浙江兴业银行总行副总经理,1939年为上海银钱业消费合作社委员会理事。

(《澄衷中学己未四年级学生艺业》第90页,《交通大学上海学校丙寅纪念册》第90页,《南洋旬刊》1926年6月2卷12期第4页,《南洋友声》1931年第15期第4页,《南洋大学30周年纪念校友录》第75页、第204页、第211页)

武书麟交通大学毕业介绍

武书棠，字亦申，1910年生，定海人。1921年就读于上海澄衷学校国民科三年级甲级，1923年前期小学毕业，1924年就读于小学五年级甲级。1926年就读于南洋附属小学高小二年级，1930年6月南洋公学初中毕业，1933年6月，20岁的武书棠是南洋高中商组第一届毕业生，任童子军副教练。1935年在上海远东云石公司任职，1946年在上海开办厚诚行，经营桐油。

武书棠

（《澄衷》1921年1期第174页、1923年5期第103页、1924年7期第94页，《南洋模范中小学年刊》1935年第4期第266页，《南洋大学30周年纪念校友录》1926年第74页、第234页，《上海对外贸易（1840—1949）下册》第271页）

武书盈，别号小顽，1916年生，定海人，武桂芳的弟弟。1933年进入澄衷学校春始初中一年级。1935年7月从南洋模范中小学校初中三年级毕业。1938年南洋模范中校高中毕业。武书盈是一名足球健将，曾作《戊寅级刊》发刊词。1941年冬毕业于上海圣约翰大学经济系。

武书盈在自治会的照片

（《澄衷半年刊》1933年10期第61页，《南洋模范中小学年刊》1935年第4期第63页，《戊寅级刊》1939年第1期第33页，《上海圣约翰大学（1879—1952）》第471页）

　　武书鼎,1918 年 3 月生,定海人。1926 年进入澄衷学校初小三年级乙级。1931 年进入澄衷学校春始初中一年级。1935 年 7月在南洋模范中小校读高中一年级,算术曾获奖。1937 年,武书鼎成为南洋模范中小校高民二六级毕业生。1941 年毕业于交通大学电机系,专长电机制造。曾任重庆大华电机厂工程师,广州南洋电器厂工程师、厂长。1950 年后,历任上海华生电器厂副厂长、副总工程师,上海革新电机厂副总工程师、副厂长、总工程师、高级工程师。长期从事中小型发电机、电动机的研制和生产组织工作,在上海电机行业被誉为"电机三鼎"之一,在《电机技术》杂志发表的《提高产品质量是当前我国电机工业发展中首要问题》《对小型电机采用国际通用技术标准几点意见》,为我国中小型电机的发展作出了较大的贡献。

　　(《澄衷》1926 年 11 期第 136 页,《澄衷半年刊》1931 年春第220 页、1933 年 10 期第 46 页,《南洋模范中小学年刊》1935 年第 4期第 89 页,《南洋模范中小学戊寅级刊》第 44 页,《上海高级专家名录 第 2 卷》第 236 页)

77. 武联珠

　　女,1921 年生,定海人,声乐教育家,中国民主同盟盟员。16岁时从杭州弘道女中转入华东联中高秋二班甲组,1940 年秋毕业。1948 年 7 月,毕业于重庆国立中央大学师范学院艺术学系绘画组,曾担任学校女同学会主席,作为文艺左翼人士,发起组织"全国学联促进会",发动学生、妇女游行请愿,与反动学生组织及三青团等斗争。后在中央乐团苏联专家班、保加利亚专家班进修,历任上海广播乐团、中央乐团独唱演员、声乐教员,后任北京师范学院艺术系声乐教研室主任、教授。

　　(《华东联中期刊》1939 年 1 期第 209 页,1940 年 6 期第 87 页,《季刊》1939 年 1 期第 106 页、1940 年 2 期第 87 页,《艺为人生1928—1949 年国立中央大学美术专业学生文献集下》2016 年第2058 页,《中国高校音乐教师培养现状报告》第 29 页,《北碚文史资

料第 4 辑》第 262 页,《中华民国史文集》第 293 页,《中国音乐名家名录》第 304 页)

78. 林熊飞

　　字昌弟,1904 年生,城关帅旗弄人,父亲为芹甫。16 岁毕业于定海县立高小,18 岁进入定海公学学习一年。后在上海、武汉做练习生、店员。1930 年从东南医学院毕业后,在上海自设诊所行医,设址在上海贵州路 38 号。曾参加益友社,抗日战争时期曾秘密医治新四军伤病员粟裕等 20 余人。1947 年定海霍乱流行,旅沪同乡会在城关设"时疫医院"(后改名福仁医院),林熊飞捐黄金 5 两,并回乡主持大局,免费给贫病者药物。1948 年元旦,定海时疫医院改名为福仁医院,林熊飞任院

林熊飞
(1904—1968)

长,开设三等病床,产妇住院一周内供给膳食,免费接生,又收养孤儿 4 名、哑女 1 名。设"芹甫公贷学基金",资助贫寒子弟入学。1949 年初,回沪行医。1954 年加入中国共产党。1968 年 1 月病逝上海。

　　(《舟山市志》第 797 页,《舟山市卫生志》第 950 页,《益友社创立五十周年纪念》第 231 页,《东南医刊》1931 年 2 期第 79 页,《东南医学院八周纪念刊》第 80 页)

79. 林传慧　林立仞

　　林传慧,1904 年生,谱名益民,字永康,是林承法的儿子,岱山岱西乡念母岙林家山嘴人。1925 年在宁波华美医院毕业,先后受聘于奉化溪口医院、余姚宝善医院、宁波江北任民医院,担任内科、外科医师。1930 年 7 月,在岱山高亭镇后街天后宫旁徐宅创办惠

黎医院,有用房两层楼房3幢,设门诊室2间,治疗室1间,病床3至5张,聘庄日规等医生2人,助产士1人,学徒3人,开展内科、外科、妇产科等技术服务,主要从事外伤清创、疝气回纳、抽腹水、新法接生、难产处理等业务,是当时岱山岛规模最大、技术最强的医疗机构,1936年因林传慧应宁波心耕医院的聘请而停办。1933年6月,普陀山佛教会扩建临时时疫医院,被聘为院长。1935年秋季,霍乱在城乡流行,疫势猖獗,死者众多。定岱盐场在岱山东沙镇开设盐工福利会诊疗所,聘请林传慧施诊。林传慧日夜救治患者,痊愈者颇多,不取酬金,志在助人,县人称德。

1937年在东沙乡设永康诊所,先建在大横街头,后在沙河口自建用房。抗战胜利后,增添小型X光机,医疗业务量大增。收徒6人,传授医术,有东沙周跃庭、嵊泗张海通、岱西王汉清等,成为新中国的医疗骨干。林传慧医德高尚,医技精湛,曾替盐民治愈"筲箕肚"(腹水症)、阑尾炎急腹症等,病家赠送"妙手回春""再造人福"匾额,誉满海山。长涂、秀山、长白等地盐民前往永康诊所就诊,常得到济施药材,贫苦者会还接济钱粮。抗日战争时期,悉心治疗抗日第三大队受伤战士。

1951年定海县医务工作者协会成立,林传慧任岱衢支会主任。同年10月,在永康诊所址组建岱山东沙镇西医联合诊所,并任主任,将小型X光机、消毒筒、产科器械捐赠给县卫生院。1954年,任岱山县卫生工作者协会主席,岱山县第一届、第二届人民委员会委员。1956年被错划为"右派",免去职务,但仍坚持在东沙卫生院出诊,热心为居民治疗服务,被百姓称为"永康先生"。1985年任县政协首届常委。林氏医术传人在北京、嵊泗、岱山等地行医或从事医学教育工作。

妻子为岱西念母岙张家张菊仙,悉心培育子女后代,个个学业有成。林通璠、林通屿二子大学毕业,林雪梅、林美丽、林美素三位女儿医科毕业后从事医护工作。

(《舟山市卫生志》第955页、第194页、第196页、第683页。)

林传慧(右二)与家人合影

　　林立仞,1927年10月生,初名通璠,岱山县东沙镇人,为林传慧的长子,妻子董瑶云。1933年就读于县立中心小学,1939年就读于昌国中学,1940年转学至上海民光中学读初二。1941年考入同德医学院附中读初三,后因时局混乱,返乡休学。1942年15岁考入浙东中学读高中。1945高中毕业。1946年考入上海沪江大学,1948年考入"台湾大学"地质系,1952年毕业。1953年在"台湾省立虎尾中学"任英文教师。1955年起先后任大昌纺织厂统一厂代表、"省立毛巾工会"业务主任、台湾省"棉纺织调查组"配纱员。1963年创办台北大功化工厂,1966年工厂改组为天得企业有限公司,任董事长。1971年为美国Seydel公司台湾地区总代理。90年代中期,相继创办印尼杰克纺织股份有限公司、印尼银立机械制造股份有限公司、杰克有限公司、美商西达国际股份有限公司,自任董事长。此外历任台湾毛巾同业公会秘书兼业务组长,台湾联合配纱小组北区秘书长,国际纺织浆纱学会理事、远东区会长。1994年在上海创立西达公司,在海门、松江设立西达化工厂、泷腾化工厂,生产纺织浆料、防腐剂等。后长期居住在内地,常回故乡探亲。热爱公益事业,当选台北舟山同乡会名誉理事、福利主委,常奔走于各国商界,是台湾"逢甲大学"纺织系客课教授。常临摹名家书法,汇编刊印《立仞硬笔行书诗词选》前后二册。育有林源豪、林源杰、林展业 3 子和林景苏等 6 女。

(《定海商人名录》第 211 页,《浙东校刊》1947 年 4 期第 25 页,1948 年 5 期第 73 页,《舟山人在世界各地》第 67 页,《立仞硬笔行书诗词选》)

80. 林三纲

1925 年生,定海东大街人,生于上海。1941 年从华东联中初中毕业,不久在上海加入倪柝声带领的基督地方教会。1948 年读交通大学民三七级工业门制造组四年级。毕业后担任台湾"中国造船公司"工程师。1951 年作为青年信徒,跟随李常受全职事奉,被李常受派往台湾台中地方教会。1951 年辞却"中国造船公司"职位,成为全职传道人。在台湾与郭慕真结婚,共有十个子女。1969 年移居美国纽约,在一些查经班、皇后区、长岛及新泽西州贝郡的几处基督徒证主教会(华人教会)讲道。1995 年移居至新泽西州天城教会牧会,2005 年底退休,继续担任教会长老。

(《华东联中期刊》1941 年 1 期第 51 页,《交大机械》1948 年创刊号第 96 页,《真爱家庭杂志》2006 年第 32 期)

林三纲
(1925—2023)

81. 林树众

　　曾名汝震、儒珍,1925 年 7 月生,定海沈家门人,中共党员,教授,林依心(美籍华人)长子。30 年代曾就读于舟山中学。后在扬州中学高中毕业。1946 年圣约翰大学经济系毕业。1948 年从复旦大学经济研究所研究生毕业。1952 年在中国人民大学财政系货币流通和信用教研室进修两年。1986 年到美国加州大学伯克利分校进修四个月。曾任复旦大学世界经济研究所副所长。在国内外学术活动方面,曾任中国国际经济关系学会常务理事、中国经济合作学会理事、上海市国际金融学会理事、上海市国际贸易学会理事、上海市经济研究中心特约研究员,专长世界经济、国际贸易等方面的研究。曾参加国家重点科研项目和上海市重点科研项目,翻译全套马列主义基础和国际共产主义运动史教材,参加编写《联邦德国发展的道路》等著作多部,撰写《关于在上海开放外汇购物市场和外汇交易市场的几点意见》等多篇有较大影响力的论文。编著《利用外资与发展》《外向型经济》等。林树众是上海市科学技术委员会"科技、经济和社会发展规划课题"咨询专家,美国加州大学洛杉矶分校环太平洋经济研究中心南加州大学东亚研究中心访问学者。1992 年曾捐款 10 万美元用于建造舟山市普陀中学依心图书楼。1994 年又捐款 10 万美元用于建造舟山中学依心图书馆。1993 年 10 月起,获国务院发放的政府特殊津贴。

　　(《复旦大学百年志》第 1497 页,《上海圣约翰大学(1876—1952)》第 484 页,《天南海北舟中人》,《上海高级专家名录　第三卷》第 650 页,《私立舟山初级中学学生学籍册第三册 1934 年—1939 年》,《舟山人在海内外　第一辑》第 148 页)

82. 林国璋

　　又名沛亭,1932 年生,定海沈家门人,是林依相的儿子,林依心的侄子,在台湾有两个儿子怡君、怡孝。1947 年毕业于定海县立初级中学,后转学至上海吴淞高级水产学校,毕业后 1950 年任吴淞水产专科学校渔捞科教职工,乘坐远洋渔船出海实习,驶往浙海大陈岛,经辗转后前往台湾。在台北荣安银楼工作,后当选西区狮子会会长。创办台北永安绸布股份有限公司,任总经理。曾当选布商同业公会理事长,台北市舟山同乡会理事长。多次回乡探亲。

（《定海旅台人物录》第 115 页,《天南海北舟中人 第四辑》第 358 页,《吴淞水产专科学校同学录》第 19 页,《定海县立初级中学学籍册 1947 年度》）

林国璋
(1932—2002)

83. 金礼门

1903 年生,岱山人。浙江省师资训练班毕业,历任定瀛两县中心小学校长,岱山区属教育股长、镇长、区指导员、督学,瀛州县衢山公会坐办,党政军民联合办事处管制科长。1950 年 5 月前往台湾。后任国民党"内政部"专员及台北市中兴医院研考员等职。撰写反映离开舟山、生存于台湾的回忆、纪念文章多篇,在《舟山乡讯》《宁波同乡月刊》和《浙江月刊》上发表。1982 年 8 月台北病逝。

（《瀛海同舟》第 411 页,《舟山历史名人谱》第 238 页）

84. 金 真

字杏轩,女,1917 年生,定海普陀岛人,是宁海胡为盛的妻子,有一个女儿胡令芳。毕业于杭州国立艺专,擅长国画。师从潘天寿,曾任宁海大蔡乡小学校长、中学教员。在学校任教 20 余年。国画造诣深厚,在台湾举办过四次画展。1959 年 2 月,在台北市中山堂举办个人展览,名声大噪。曾拜访张大千,画艺日益精进。先后赴美国纽约举办展览,在美国旧金山天后庙街图书馆附设中国国画班,教授中外人士学习中国国画,成立美洲中华艺文同好会。代表作有《山城弦诵图》。

（《瀛海同舟》,《宁海历代才女之二》）

金真(右一)与友人合影

85. 金德厚　金德年

金德厚,又名金梦卿,1930年生,定海沈家门人。父亲金再璋经商,金德厚在兄妹五人中排行第三,妻子为李德津。1936年进入沈家门中心小学读书。1942年秋季,小学毕业后,就读于沈家门中心小学附设初中班,不久因该初中班停办,先后就读于定海昌国中学、上海民强中学、宁波四明中学。18岁在浙东中学读高中二年级。1949年考入清华大学中国语言文学系,1952年高校院系调整,并入北京大学,被推荐为学生会体育部部长。

金德厚

同年12月提前毕业,被分配到北大外国留学生中国语言文学专修班任教。1960年到西斋堂下放锻炼一年。1961年加入中国共产党,同年调至北京外国语学院。1964年赴孝感参加"四清"运动。1965年回到北京任北京语言大学教研室主任。1969年到天津创办五七干校。1972年复校任教,1978年调任系主任。1981年调任教务主任、支部书记。1984年晋升为副教授,先后被派遣赴英国、美国考察教育。1985年被派往日本东京大学教授汉语两年。1987年任北京语言大学图书馆馆长。1990年1月退休。曾主编《语言读本》《中国古代名人》等多部作品。长期从事对外国人的汉语教学及研究,在中外文化交流和推广汉语教学方面成果突出。

（《浙东校刊》1947年4期第26页、第74页,《普陀党史人物第1集》第112页）

金德年,1934年5月生,定海沈家门人,金德厚之弟。12岁就读于舟山中学,14岁就读于浙东中学初春二年级。1956年从宁波效实中学毕业,考入清华大学动力机械系。1959年,从清华大学毕业后留校任教,并参与工程热物理专业的创建工作。1959年至1962年,赴苏联列宁格勒市加里宁工学院留学。1962年至1989年,回国后继续任教于清华大学,任工程力学系热物理实验室主任,致力于传热学和燃烧

金德年

学方向的教学和科学研究。1963年,参加全国高校科技成果汇报会,并受到时任全国人大常委会委员长的朱德同志的亲切接见。1982年,为清华大学本科生编写教科书《对流换热基础》。1984年任清华大学副教授。1987年,合编《科技期刊编辑作者手册》,并为清华大学研究生编写教科书《边界层对流换热原理》。1989年调入清华大学学报编辑部任主任,负责学报的编辑出版工作。同时担任北京市高校学报研究会理事长,中国高校自然科学学报研究会副理事长等社会职务。1992年晋升为清华大学教授级编审,任清

华大学书法协会会长、清华大学老龄大学书法教授,负责为清华大学离退休教职工讲授书法。1993 年,在参加编撰《中国大百科全书》工作中作出重要贡献,获得国家新闻出版总署嘉奖。1994 年参加北京科技期刊编辑出版集团筹建工作,任副总编。同年编撰《中华全景百卷书——中国古代发明》。2007 年合编《科学技术期刊编辑教程》。金德年书画技艺精湛,多次开展书画唱酬、展览、慈善拍卖活动,2012 年 6 月由清华大学出版社正式出版发行《翰墨寻趣》,2013 年 11 月在江苏武进博物馆举办"纪念毛泽东诞辰 120 周年清华大学金德年教授'水木清华'书法作品展"。2014 年 11 月,由金德年名字命名的"清华德年公益美术奖"启动。金德年十分孝顺,孝奉老母直至 106 岁仙逝。

（《浙东校刊》1947 年 4 期第 30 页、第 76 页,舟山中学《教育工作者金德年》2013 年,《私立舟山初级中学学生学籍册 1946 年——1947 年》,《舟山人在海内外》第一辑第 159 页)

86. 周象贤

周象贤
(1890—1961)

字企虞,1890 年生,定海人。1909 年毕业于南洋公学中学五年级,1910 年留学美国,1914 年美国麻省理工学院卫生及水利工程科毕业,工学学士。回国后在汉冶萍公司任职,同时在北京大学任教。1927 年,先后任庐山管理局长、内务部技正兼扬子江水利委员会主任、浙江省水利局长等职。并于 1928 年、1935 年和 1945 年三度任杭州市市长,曾改建市内柏油路、修浚西湖、创办西湖博览会,扩充市民医院和创办市立中学等。1949 年 3 月携眷旅居香港,任南洋兄弟烟草公司董事。曾任台北"阳明山管理局"局长,被推举为舟山旅台同乡会名誉会长。1930 年捐款建上海交通大学同学会所。1961 年 3 月病逝于台北。

（《南洋友声》1930 年 12 月第 10 期第 5 页,《交通部上海工业专门学校——南洋公学二十周年纪念》第 122 页、第 175 页,《定海县志·选举志》,《交通大学校史资料选编第一卷》第 169 页,《宁波帮大辞典》第 162 页,《定海历史名人传录》第 191 页,《舟山市志》第802 页,《南洋大学 30 周年纪念校友录》第 84 页、第 205 页,《清华学校同学录》1937 年第 96 页,《定海旅台人物录》第 118 页,《浙江文史资料选辑》1992 年第 47 辑第 168 页）

87. 周贤颂　周贤言

周贤颂,字伯容,1896 年生,定海人。1911 年,从南洋公学附属小学毕业,1915 年中学四年级毕业。1917 年就读于清华学校高中三年级。曾任京奉铁路车务处长助理员。1918 年 8 月被清华学校选送第九批赴美留学,1922 年获伊利诺伊大学铁路管理学士学位,1923 年获宾夕法尼亚大学铁路管理硕士学位。1924 年在天津启新洋灰公司任职。同年还兼任南开大学商学教员,随后任北宁铁路课长。1931 年协助张静江创办江南铁路,兼任京赣铁路处长。抗日战争开始后,改任湘桂、湘黔铁路课长,行政院水陆运输委员会海防处长,中缅运输局驻印度代表。1942 年春,代表政府出席中印两国会议筹建中印公路,开辟卡拉奇—加尔各答—狄勃鲁加运输线,在定疆一带建机场,开始驼峰运输,并开始修筑中印公路,1945 年 1 月通车至昆明。所有工程及运输实务,统由美军主办,周贤颂以中缅局代表名义负责推动。抗战胜利后回国,重建江南铁路。1949 年前往台湾,任台湾"信托局"副局长兼购料易货处经理。1954 年奉命前往日本,兼任东京办事处经理。1969 年任新加坡大星公司董事长,退休后移居新加坡,开办大星公司。1975 年创办大星百货公司。

（《交通部上海工业专校——南洋公学 20 周年纪念》编第 123页,《南洋大学 30 周年纪念校友录》第 84 页、第 214 页,《时事新报（上海）》1918 年 8 月 12 日,《清华周刊》1925 年增刊第 128 页,《清华学校同学录》1937 年第 167 页,清华大学校史馆《清华学校毕业

生考(上):1912—1919级》,《名扬四海的百名海外华人——古稀之年办店的周贤颂》第 95 页)

周贤言,定海人,周贤颂之弟，北平女子排球队员周赉的二哥，妻子为陆兆祚的女儿培成女校的陆培宝。1926 年就读交通大学铁路管理科三年级。毕业后在京沪、杭甬铁路工作。爱好足球，是当时著名"铁门"，曾代表中国出战。1934 年春赴美国芝加哥圣太飞铁道公司实习，获 Chow 铁路管理硕士，1936 年 3 月回国，在上海铁路局任职。同年 9 月调任杭州铁路局。1946 年 10 月由香港赴美国任职于纽约招商局。

周贤言在足球队时的照片

(《南洋大学 30 周年纪念校友录》第 229 页,《董浩云日记》第 91 页,《大世纪观变集 第 1 册:波逐六十年》第 80 页,《老上海电影画报 第 26 册》第 161 页,《体育评论》1934 年 102 期第 2 页,《大公报(上海)》1936 年 4 月 1 日,《老交大的故事》第 256 页)

88. 苏 菲

女,幼名周素珍,1920 年 5 月生,沈家门镇人,中共党员,电影艺术家,美国籍黎巴嫩人马海德医师的妻子,有一子周幼马。1935 年在定海女子中学初中毕业。1935 年至 1937 年在上海正风文科专业学校学习,同时参加上海左联领导下的艺术供应社(业余),演出《父归》《团圆》等进步剧和电影《海葬》。1939 年秋赴延安,毕业于延安鲁迅艺术学院戏剧系。1947 年至 1949 年在山西三交、双塔参加土地改革工作团,并与国际友人马海德结婚。1949 年从事电影工作,进入中央戏剧学院专家进修班进修导演课。先后任演员、副导演、导演。演过话剧《带枪的人》《三个战友》《中秋》;参演电影《中华儿女》《遥远的乡村》;拍摄科教片《蘑菇种植》《叶蛋白的用途》；导演和参与导演电影《矿灯》《春雷》《拓荒者足迹》《杨乃武与小白菜》《孔雀公主》等。1988年后，任中国麻风协会副理事长、马海德基金会理事长。

（《普陀区志》第845页,《天南海北舟中人》,《舟山人在海内外第一辑》第88页）

周素珍（左一）夫妇与母亲合影

89. 周自强

1925年5月生,普陀虾峙灵和村大岙沙头人,父亲周通儒母亲邹杏云。1938年进入私立舟山初级中学学习,1940年9月转学至浙东中学春二年级。1945年考入浙江英士大学法学院。1947年转至"台湾大学"工学院电机系,被推选为台大学生自治会主席,他在校园里成立了秘密学生组织"淮海社",编印《学生报》。1949年3月,领导"台湾大学"与"台湾省立师范学院""学生运动",组织学生集体抗议,上街游行示威,高唱《你是灯塔》《团结就是力量》等歌曲,高呼"反内战,反饥饿,反迫害"口号并散发传单。台湾省主席陈诚下令镇压,4月6日周自强被捕。"台湾大学"校长傅斯年营救、交涉,被捕学生从军事法庭移送到台北"地方法院检察处"审理,周自强以"共同预备以非法方式颠覆政府"罪被判处有期徒刑10年。出狱后疾病缠身,1979年5月病逝于台湾,2021年8月骨灰归葬家乡。

（《舟山晚报》2019年8月9日,《怀念联中纪念鄞县临时联合中学建校五十八周年1942—2000》第136页,《舟山中学校友录》,《浙东》1940年1期第8页,《申报》1949年4月7日）

90.周锡科

1925年9月生,定海城关人,中共党员,中学高级教师。1942年从舟山中学毕业后在南效小学任教。1944年在鄞县联合中学读高中。1945年起在沥港小学、秀山小学、舟中附小、城关中心小学任教师、教导主任。1952年夏天,被宁波专员公署授予"优秀教师"的称号。1953年起任城关中心小学校长。1955年秋调入定海县文教局任视导员,次年任副科长。1957年至1958年任定海县文教局副局长。1959年起,任舟山中学副校长。1965年调任普陀中学副校长。1953年至1965年先后被选为定海县、舟山县、普陀县人大代表,后又被选为人民委员会委员。1977年,调任《汉语大词典》舟山地区编写组副组长。1978年任地区教育局教研室副主任兼语文教研员。1980年退休后继续发挥余热,先后担任省语文教学研究会理事和地区中学语文教学研究会会长,定海县政协第一、第二届常委。同时还编注了《古文七百句》《古诗词选读》,与人合编《中学生读写材料》。1984年,受聘为浙江广播电视大学舟山分校文科组长。次年,被聘为《舟山海域岛礁志》主编。1986年,被中央广播电视大学授予"优秀教师"称号。

（《天南海北舟中人》）

91.周松亭

1930年1月生,定海干礁黄沙周人,中共党员。1946年至

1948 年就学于定海中学（现舟山中学）。1948 年考入浙江省立水产科职业学校。1954 年毕业于上海水产学院渔捞科（五年制），副研究员。1978 年至 1983 年历任江苏省海洋水产研究所资源捕捞研究室副主任、主任、副所长等职。1983 年起任江苏省水产局局长，东海区渔业指挥部副指挥，江苏省利用外资开发滩涂项目办公室主任，并任农业部水产政策研究会特邀研究员，中国水产学会理事，上海水产大学朱元鼎、侯朝海两教授奖学金基金会理事。曾任《水产养殖》《江苏渔业经济研究》《黄海的故事》《拉美鱼类名称》《实用海洋捕捞技木》等书刊主任编委，《现代渔业信息》《远洋渔业》编委副主任、编委。被评选为江苏省劳动模范、江苏省第七届人民代表大会代表，南通市优秀共产党员。1994 年 8 月退休后，一直担任江苏省水产学会理事长和省渔业经济研究会理事长等职。1997 年 11 月，当选为开发海洋振兴舟山基金会南京联谊会会长，为家乡的经济建设积极献计献策。2000 年 12 月于南京病逝。周松亭主要科研成果有：1980 年至 1982 年主持双囊桁拖网捕虾试验获国家科委、国家农委及江苏省人民政府科技成果奖；1981 年至 1984 年主持江苏省海洋渔具及区划调查，获江苏省人民政府及江苏省水产局科技进步奖。主要论文有：《吕泗渔场鲳鱼流刺网作业》《木壳渔船防蛀防腐试验报告》《农业辞典·水产捕捞部分》《双囊桁拖网捕虾试验》《东海区虾类资源调查报告》《江苏省海洋渔具选集》等 20 多篇。周松亭的事迹被美国传记研究所、英国剑桥国际传记中心列入《世界杰出领导人名录》，并被美国传记研究所聘请为该所顾问委员会委员，1992 年列入《当代中国自然科学大辞典名人录》。

（《天南海北舟中人》，定海县立中学 1948 级级友会《正风刊》第 21 页，《上海水产大学校友录》第 24 页，《舟山历史名人谱》第 215 页，《舟山人在海内外 第一辑》第 164 页）

92. 於凤园

字冈，号浮云，1896 年生，岱山石马岙人。三岁启蒙，先后就读于定海县立第一高小、宁波工校及宁波中学。毕业于浙江体专,后留校任教,从事体育教育。1917年至1927年,先后任教于浙江省立第四师范、宁波中学、宁波高工、宁波商校、宁波女子师范、效实中学等校。1927年赴杭,任浙江体专及省立体育场、私立中山高商等校教职工。同年冬天,应浙江省立高级蚕桑学校邀请聘任为体育主任。第二年5月,回到效实中学任训导主任兼宁波市立体育场场长,10月浙江省举行文献展览,於凤园任审查委员,并将珍藏的50余件文物送会参展。在宁波任职时,曾二度率队参加浙江省全省运动会,夺得篮球、田径及男女国术锦标等项目奖牌。1937年8月,转任鄞县社会军训总队上尉督练员,兼副总队长。1940年1月,任宁波防空指挥部救护大队中校大队长,后随军转进四明山区,曾率军支援国军第一九四师、十六师反攻镇海方向的日寇,抢救伤残官兵。同年8月,敌机在甬城投掷鼠疫菌,染疫百姓有四五十家,死者13人,於凤园奋不顾身,率队入疫区抢救,终至疫病被完全消灭,获记大功三次。后又在四明山为各军救治伤患,获国民党褒奖。第二年5月,任四明山游击司令部军医处长。当时宁波流亡学生众多,上报给省教育厅筹设鄞县临时联校予以收容。12月受命出任宁波地区游击指挥部先遣支队上校支队长,兼鄞县政府军事科长。1942年4月任鄞奉地区游击指挥部第二支队支队长。指挥部结束后,改任宁波警察总队政训处主任、宁波警察总队总队附兼第二支队长。1945年8月日军投降,於凤园奉命先行入城,负责接管宁波日军仓库,并处理敌伪有关接收及维持地方秩序等事宜。后来,中央派员查验宁波地区敌人所留物资,悉附日军移交的原始证件,可见於凤园处事之清廉谨慎。先后任三十二集团军总司令部宁波军警稽查处处长、浙江省保安处警察总队总队附、浙江省第六区行政督察公署第三科科长、浙江省第三区渔业管理处主任、宁波高工体育主任、宁波日报社社长等职。在出任三区渔业管理处主任期间,曾特别关注故乡定海渔民福利,为豁免鱼税及渔业税,率浙东各地代表进京请愿。1949年3月追随俞济民任杭州市政府专员,4月奉派任慈溪县长,当时局势急转直下,其无意就任,待命甬城。1950年9月转道香港前往台湾。从此结束军政生涯。旅台后,在台北市舟山同乡会设体育奖金,每学期 5 人,以鼓励同乡子弟。於凤园爱好金石书画,收藏颇丰,曾经将其部分珍品陈列于历史博物馆供人鉴赏。擅长篆刻,平时以此自娱。在甬城时曾建议设立鄞县古物陈列所,捐赠瓷、铜、玉器、金石等 200 余件。1983 年 10 月 1 日,病逝于台北寓所,享年 87 岁。

（《岱山文史资料》,《省立高级工业职业学校教职员学生通讯录》1948 年第二学期第 1 页,《浙江人文数字地图——於凤园》,《宁波词典》第 335 页）

93.郑南渭 郑北渭

郑南渭,1917 年生,定海人,大北电报公司郑世贤长子。1931 年,是圣约翰中学三年级学生,1935 年从圣约翰大学经济系新闻专业以文学学士毕业。自费留学美国,攻读密苏里大学新闻学并经济学硕士,在密苏里日报及外交新闻等杂志任助理编辑或特约记者,担任学校国际学生会新闻学会主席。1937 年 4 月,代表《申报》赴英国、法国、瑞士和俄国考察和采访。回国后,先在国民党政府新闻部门工作。1943 年至 1945 年,受聘于美国驻华大使馆任高级新闻翻译。1945 年起,担任英文《中国日报》社社长。1949 年赴台湾,继续担任该报社社长,并兼任美联社驻台湾记者、"台湾银行"研究员、台湾"中国出版公司"执行董事、台湾"政治大学"新闻研究所教授等职。

（《约翰年刊》1931 年,《圣约翰大学附属中小学回忆集》第 207 页,《上海圣约翰大学(1879—1952)》第 461 页,《中国新闻年鉴 1985》第 431 页,《大公报(上海)》1937 年 4 月 24 日、1937 年 8 月 11 日,《申报》1937 年 8 月 11 日）

郑 南 渭
ZUNG NEN WE
浙 江 定 海
Ding-hai Chekiang

郑南渭

郑北渭,1921年生,定海籍,出生于上海,新闻传播家、摄影理论家。1941年圣约翰中学毕业。1944年至1946年在四川成都金陵大学英文系读书。曾任《新台湾》杂志助理编辑,行政院新闻局记者兼英文编辑。1948年7月与金陵女子文理学院毕业的高思聪结婚。同年赴美留学,1951年获美爱荷华大学新闻研究院硕士学位。1952年回国,在华东师大外语系执教,1952年调到复旦大学新闻系任教,专长新闻摄影和摄影理论。1956年加入民盟。1985年任国务院学术委员会学科评议组成员。曾任复旦大学新闻系教授、新闻摄影教研室主任。50年代主编新闻系系刊《新闻学艺》,1978年主编《外国新闻事业资料》。1980年任复旦大学学术委员会委员,1982年在复旦大学创办我国第一个国际新闻专业。1983年12月获上海市优秀新闻工作者称号。讲授过新闻摄影、传播学等课程。有《论摄影创作的艺术性》《论摄影艺术的审美特点》等论文。主编的作品有《新闻摄影》上下册、《新闻学从论》。译有《美国资产阶级新闻学:公众传播学》《蒙哥马利回忆录》。有《漓江晨雾》《学文化》《黄山》等摄影代表作品。曾任中国摄影家协会上海分会副主席。晚年赴美,于2012年病逝于新泽西州。

（《复旦大学百年志》第1521页，《圣约翰大学附属中小学回忆集》第216页，《金陵女子文理学院校刊》1948年152期第4页，《上海高等教育系统教授录》第56页，《上海社会科学界人名辞典》第437页，《归来，二十世纪五十年代北美留学生名录》第403页）

94.赵昌渭

1907年生，定海高亭大岙人。1921年进入澄衷学校高等小学读二年丙级。1923年高等小学七年乙组毕业，同年就读于商业科二年乙级。后毕业于沪江大学，曾任定海县参议会副议长，定海县党部书记长。1949年5月与宋豪士、岳树猷等为国民党当局被捕，后被秘密杀害。

（《澄衷》1921年1期第157页、1923年4期第96页、1923年5期第89页，《今日岱山口赵家山嘴，诉说百年岱山往事》2019年2月14日，《浙江文史资料选辑 第28辑》第25页，《瀛海同舟》第401页，《岱山县教育志》第267页）

95.胡若山

1881年2月生，教名若瑟，定海人。第一批6名中国籍主教之一，是天主教家庭的孤儿，由传教士抚养成人，先后进入定海小修院、宁波大修院、嘉兴文生总修院就读。1906年10月6日进入遣使会，1909年6月5日晋升为神父。传教6年后，在宁波神学院讲授哲学和伦理学。1924年出席首届上海教务会议，为中国天主教上海公会顾问，宁波保禄大修院教授。1926年8月10日，浙江成立台州代牧区，1927年6月，胡若山被

胡若山
(1881—1962)

任命为主教。10月28日,在梵蒂冈圣伯多禄大堂由教宗庇护十一世亲自祝圣为主教。其教务管理从宁波代牧区划出,管辖临海、天台、仙居、黄岩、温岭五县教务。当时有教友4383人,修女(宁波拯灵会分院)14人,神父7人。1929年,在海门正式开办圣心小学。1932年重建了主教府楼房。1933年创办方济修院。曾回定海天主教西堂、北堂和增德学校省亲。1947年任台州教区正权主教。1962年夏天,病逝于黄岩。

(《圣教杂志》1927年16卷5期第234页,《浙江天主教史略》第10页)

96. 胡寿颐

字椿年,定海人。1908年从交通部上海工业专门学校(原名南洋公学)高等预科毕业,被推选为同学会交际部交际员。1911年夏第一届上海高等实业学堂(上海交大前身)电机科毕业生,留校工厂任管理员。1911年公派留学美国,获得哥伦比亚大学硕士学位。1912年被聘为上海高等商船学校算学、电学教员,上海电报机器厂副总工程师,交通部北平电话局工程师,交通部电政司主任,北平电话西局主任。

(《交通史总务编》第462页,《南洋旬刊》1926年2卷5期第8页,《南洋友声》1931年第11期第17页,《交通部上海工业专门学校——南洋公学二十周年纪念》第126页、第174页、第177页,《交通大学校史资料选编 第一卷》第257页,《南洋公学交通大学年谱》第31页,《吴淞商船专科学校校史》第17页,《百年回眸中国电气工程高等教育一百周年》第431页、第432页、第433页,《南洋大学30周年纪念校友录》第93页、第197页)

97. 胡以鲁

字仰曾,1888年生,定海人,胡耀长子,是胡以庸的兄长,胡远声、胡实声之父。最初于日本大学学习法政,获法学学士学位,

1909年就读于日本东京帝国大学博言科,学习语言学,文学学士,是章太炎的弟子。回国后曾任教于浙江高等学校、北京法政专门学校、北京大学、北京师范学校。曾任司法部参事。著有《国语学草创》。

（《定海县志·选举志》,《群岛述旧》第107页,《任尔西东:〈国语学草创〉原理》第4页)

日本东京大学语言学学科文学学士、日本大学政法学科法学学士胡以鲁照片,摄于1912年。

民国司法部保存之胡以鲁生前照片,当时,胡以鲁任司法部参事,摄于1914年前后。

胡以鲁
(1888—1917)

98.胡福华

字庆和,1899年生,桃花乡人,清朝举人胡以铭与陈氏的次子,妻子是塔湾王秀娟,育有养子荣椿和晸忆、枕亚、荣萱、晓珍4女。1922年沪江大学毕业。曾任六桃区长、保安团长,1936年1月,民政厅保安处奖给联保主任胡福华等四员"除暴安良"匾一方。1936年2月为定海县保卫队第一独立分队主管。1936年5月胡福华为桃花乡乡长。1936年8月,作为浙江省宁属七县国民大会候选人选举,11月胡福华参加定海组织渔会联合会。

（《沪江大学月刊》1920 年 9 卷 4 期,《胡以铭姝卷》,胡晓珍《岁月回眸》）

99.胡组庵　胡佐高

胡组庵,1900 年生,定海人,弟弟是胡祖皋。先后毕业于宁波甲种工业学校、立信会计学校,抗战时期开办开泰化工厂(重庆南岸清水溪白象街 116 号)和开远松香厂(重庆南川南平镇)。曾任中国窑业公司总经理、乾一企业银公司副经理、中国垦业银行南京分行经理。1932 年参股胡西园亚普尔电器厂。

（《立信会计月刊》1941 年创刊号第 61 页,《上海工商人名录》第 70 页,《申报》1932 年 11 月 11 日）

胡佐高,又名祖皋,定海人。宁波甲种工业学校毕业,中国窑业公司火砖厂厂长兼工程师。曾到日本品川株式会社炼瓦厂实习。是中华职业教育社永久会员。

（《中华职业教育社讯》1948 年 40 期第 8 页,《工商调查通讯》1944 年第 434 号第 1 页）

100.胡贤刚

定海人。1931 年圣约翰中学毕业,1935 年圣约翰大学经济系毕业。1939 年 11 月参加中青篮球比赛。1942 年 12 月为美丰建业股份有限公司副经理。

（《圣约翰大学附属中小学回忆集》第 207 页,《上海圣约翰大学(1879—1952)》第 461 页,《约翰年刊》1931 年第 99 页,《申报》1939 年 11 月 18 日、1942 年 12 月 15 日）

胡贤刚大学毕业照

101.胡远声　胡实声

胡远声,1911 年生,定海人,胡以鲁长子。1928 年,进入圣约翰中学,1931 年高中毕业,1932 年 9 月考入燕京大学,1935 年 6 月从燕京大学政治系毕业。中国通商银行稽核襄理,中共地下党员,1938 年 6 月当选宁波旅沪同乡会理事。中华人民共和国成立后任上海财经学院副院长、党委副书记兼副校长,离休。

(《燕大友声》1936 年 2 卷第五期第 3 页、1936 年 3 卷第 3 期第 12 页、1937 年 3 卷第 6 期第 10 页,《圣约翰大学附属中小学回忆集》第 207 页,《上海银联十三年》第 104 页,《银钱界》第 45 页,《浙江教育》1936 年 5 期第 146 页)

胡实声,1913 年生,定海人,胡以鲁次子,胡远声弟弟,胡梅庵的侄子,盛丕华外甥。1928 年进入圣约翰中学高中,1931 年中学毕业考入圣约翰大学土木系,肄业。中学时创建同志合作社,任中学网球队干事。1935 年进入北平税专第二十六班内勤班,同时加入中国共产党,被推举为上海大学生救国联合会主席。1936 年毕业,历任江海关(上海海关)、江门关(广东江门海关)税务员,是江海关中共党支部的第一任书记，在护关运动中做出卓越贡献。离休后，长期担任《中国大百科全书》上海分社负责人和《中国教育年鉴1949—1981》总编室主任。撰写多篇回忆录，年逾百岁仍为云南鲁甸地震捐款。

（《圣约翰大学附属中小学回忆集》第207页、《任尔西东：〈国语学草创〉原理》第12页，《约翰年刊》1931年第159页，《新民日报》2021年5月26日，《一二·九运动在上海》第13页、第14页，《上海民建专辑》第172页，《党史资料丛刊》1980年第4辑第27页）

胡实声
(1913—2015)

102. 胡慰承

1923年12月生，定海县大榭人，父亲为胡芷斋。上海光华大学毕业。1945年进入中国植物油公司，1948年随中国植物油料厂前往台湾。1952年与钱孝舫、杨翊中创立威行有限公司，专营香茅油出口业务，外销香茅油占台湾出口总量三分之一以上。1965年创立和祥企业公司，生产优质薄荷脑，产品畅销国外。次年成立台湾香茅油联营公司，后又创立龙顺海洋企业公司，建造新型远洋鲔钓渔船，渔获全部外销。1979年被推选为台湾远洋渔业公会理事长。曾为德国奔驰汽车公司台湾地区总代理。1998年担任巴西外贸协会驻台湾地区办事处代表。曾担任海峡两岸商业协调会顾问等职。多次捐款建造家乡学校，赠送鱼化石给北仑博物馆。

（《浙江在台人物录》第178页，《宁波帮大辞典》第187页，《复旦大学百年纪事1905—2005》第456页）

103. 胡企舜　胡企彭　胡企强

胡企舜,1927 年生,定海人,胡庭梅长子。18 岁就读于上海中学校,1948 年高中理科三丁班毕业。浙江大学毕业,中共党员,兴华工程咨询公司总经理,机械部设计总院院长,机械部成套管理局局长,1986 年著《能源管理》一书,研究装备专家。

（《上海中学校第三届毕业纪念册》第 129 页、第 221 页,胡企彭《人事档案》、《中国企业登记年鉴》1984 年第 442 页,《国务院发展研究中心大事记 1980—2013》第 30 页)

胡企舜毕业照

胡企彭,1928 年 10 月生,定海人,胡庭梅次子。1944 年 3 月至 1947 年 8 月在上海中学读书,1947 年 9 月至 1948 年 2 月在之江大学土木系进修,1948 年 3 月从圣约翰大学政治学系转至经济系,1951 年 8 月圣约翰大学经济系毕业,通晓英文。1951 年 2 月参加新民主主义青年团,1952 年 3 月加入中苏友好协会任秘书。1952 年 9 月任圣约翰大学经济系助教。1956 年从中国人民大学硕士毕业。后任上海财政学院工业经济副教授、硕导。专长外国工业管理、比较管理。

（胡企彭《人事档案》,《上海圣约翰大学(1879—1952)》第 518 页,《上海高级专家名录　第三卷》第 294 页)

胡企强,1931 年生,定海人,胡庭梅三子。曾参加长春干部补习班,中共党员。1956 年毕业于吉林大学化学系,任淮南矿业学院化学工程系教授,炸药研究专家,参加"无起爆药雷管"研制并获专利权。

（胡企彭《人事档案》,《安徽省高等学校——教授副教授人名录》1989 年第 602 页)

104. 柯福堂

1938 年生,定海人。1946 年就读于上海私立三育中小学校小学部四年级甲组,兄长柯福山也就读于同校。1960 年从华东纺织工学院毕业后,在陕西纺织工业学校先后任教研室主任、副校长、高级讲师,后在陕西第一纺织机械厂任技术科长、总工程师、高级工程师。在陕一纺机厂任职期间,注重新产品开发,瞄准国际先进水平,主持了大型印染设备低张力绳状链漂联合机的研制工作。该设备研制成功,提高了企业的经济效益,1992 年企业总产值达 2600 多万,创历史最好水平,并为国家节约外汇 1000 多万美金。该设备获纺织部科技进步二等奖,成为纺织设备更新进口替代产品。1992 年,柯福堂被评为国家有突出贡献的专家,享受政府特殊津贴。

(《私立三育中小学校同学录》1946 年冬第 10 页、第 37 页,《咸阳古今科技名人》第 336 页,《咸阳人物大辞典》第 419 页)

105. 俞旭初

1933 年 1 月生,定海城关北大街人,中共党员。小学和初中就读于定海昌国小学和定海县立中学(现舟山中学),1948 年进入上海闸北肇和中学就读。1950 年起,在中共上海北站区委工作,历任区委组织部干事、科长,机关党委副书记,区粮食局党委书记,区城建办主任、党委书记等职。1993 年退休后,任中国浦发机械股份公司上海海谊公司董事长,同时还担任闸北区房产经济学会和区建筑学会顾问、开发海洋振兴舟山促进会上海联谊会理事和上海舟山中学校友会理事。曾主持编制《闸北区城市建设规划》和《闸北区地名志》。

(《天南海北舟中人》,定海县立中学 1948 级级友会《正风刊》第 22 页)

106. 洪才贤　洪锦丽

　　洪才贤，字荣宝，1916 年生，定
海东大街人，洪琪良长子。曾就读
于舟山中学，上海青年会中学毕业，
1939 年上海沪江大学商业系毕业。
曾任定海安定救火会工程师，上海
精益化妆品厂董事长，定海永生钱
庄股份有限公司董事长，信大祥绸
布庄董事长。1950 年随父前往台
湾。在台湾先后任台北平凡针织股
份有限公司董事长，台北明月化工
股份公司董事长，台北信孚航运轮
船公司董事长，基隆市舟山同乡会

洪才贤旧照

常务理事、理事长，台北市舟山同乡会理事。多次捐助家乡教学
事业，荣获舟山十大慈善名人提名奖。2002 年 4 月与夫人郑秀菊
一起被授予舟山荣誉市民称号。

　　（《定海旅台人物录》第 128 页，《天南海北舟中人　第四辑》
第 344 页）

　　洪锦丽，1926 年出生，定海东大街人，洪琪良之女。上海沪江
大学毕业。1950 年随父前往台湾。先后任台北西方企业会计，台
湾塑胶关系企业顾问，台湾象安公司董事长，台北跃坤有限公司
董事长，台北开发租赁股份有限公司常务董事，景美沪江高级中
学董事，台湾上海沪江大学同学会会长，台湾"国际保险会妇女委
员会"主席。

　　（《定海旅台人物录》第 127 页，《近代上海甬籍名人实录》第
264 页，《舟山历史名人谱》第 330 页）

107. 费声重

　　1930 年 1 月生，岱山县岱西人，中国农工民主党党员，中国共

产党党员。1947 年就读于舟山中学,1954 年毕业于沈阳中国医科大学医学系。大学毕业后留校工作,先在附属二院耳鼻喉科,1962 年调至附属一院耳鼻喉科。历任住院医师、助教、主治医师、讲师、副主任医师、副教授、教授、主任医师。1990 年后被国务院批准为博士研究生导师,1992 年起享受国务院颁发的政府特殊津贴。在行政工作方面,曾任中国医科大学医学系耳鼻喉科教研主任;中国医大附属一院院长兼

费声重
(1930—2023)

医学系主任;中国医大肿瘤研究所副所长兼喉癌研究室主任;1995 年辽宁省金秋医院(干部医院)成立,兼任该院首任院长。

(《中国医科大学 42 期毕业同学录》第 62 页,《中国医科大学校史 1931—1999》第 91 页,《天南海北舟中人》)

108. 唐兹澄

1929 年 9 月生,马岙唐家人,唐华九之孙,中共党员。1948 年毕业于定海县立中学。同年考入上海同济大学附属高工土木系学习,1950 年 8 月毕业,分配到吉林铁路局,历任吉林铁路局勘察设计院工程师、副总工程师、高级工程师、副院长。1989 年末退休,仍任设计院离退休科技工作者协会副主席兼秘书长。1995 年被吉林省老科技工作者协会评为优秀老科技工作者。

(《马岙镇志》第 274 页,《浙江古今人物大辞典续编 2001》第 508 页)

109. 唐莲馨

女,1929 年 7 月生,定海人,先生是交通大学航空工程系毕业

的镇海人王光煜。1941年就读于上海沪新中学，1943年7月在上海博仁中小学校读初中三年级，被授予品学兼优学生奖状。1950年毕业于国立交通大学管理学院财务管理专业。唐莲馨是上海对外经贸大学著名教授，国际企业管理系财会教研室主任，全国经贸会计学会理事，上海经贸会计学会常务理事。专长外贸会计与教学，著有《财务会计》《外贸企业财务会计与管理》等，主编《外经贸企业领导干部岗位任职资格培训教材》。

（《唐莲馨奖状》，《上海社会科学界人名辞典》第67页，《上海高级专家名录　第三卷》第110页）

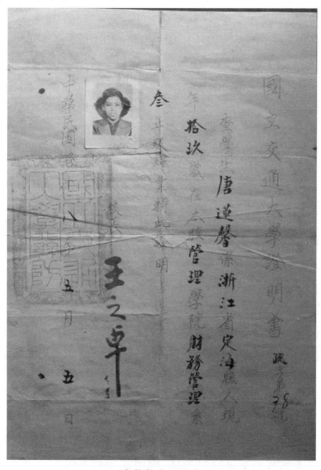

唐莲馨毕业证书

110. 姚洵澄

曾名姚舜臣,1932 年生,定海县岱山人,高级工程师。1948年定海中学初中毕业,考入鄞县县立中学。1955 年至 1961 年公派留学苏联无线电工程学院雷达专业学习。先后服务于中国人民解放军防空军、空军、空军技术学院和兰州军区空军司令部。1974 年后任航天部上海广播器材厂、新亚无线电厂军品研究室、民品研究室副主任。著有《31 段动态频谱显示器》等。

(定海县立中学 1948 级级友会《正风刊》第 22 页)

111. 贺洁人

1934 年 12 月生,定海人。1947 年就读于浙东中学初秋二年级甲组。1956 年毕业于华东纺织工学院纺织系。曾在上海十六棉纺织厂任高级工程师,专长机纺,著有《涤纶低弹长丝在棉型设备上的上浆工艺》等。后在上海纺织标准计量研究所工作,任高级工程师,从事纺织标准、产品质量检测工作。

(《浙东校刊》1947 年 4 期第 28 页、第 77 页,《上海高级专家名录 第二卷》第 504 页)

112. 贺德馨

1940 年生,定海人,研究员,风能研究专家。1946 年就读于上海私立三育中小学校小学部三年级甲组。1961 年毕业于西北工业大学,中国空气动力研究与发展中心总工程师。1995 年被授予少将军衔,长期从事风工程与工业空气动力学试验研究。先后参与过国家"六五""七五""八五""九五""十五"和"十一五"风能科技项目(课题)的组织和研究工作。曾担任风力发电系统国家重点实验室学术委员会主任,中国能源研究会常务理事,中国可再生能源学会副理事长兼风能专业委员会主任,中国风能协会理事长,世界风能协会主席。有《壁压信息洞壁干扰修正方法在风力机等模型风洞试验中的应用与发展》《风力机偏航特性和叶片三维流动的研究》《壁压信息洞壁干扰修正方法在风力机等模型风洞试验中的应用与发展》《风力机偏航特性和叶片三维流动的研究》等多项课题获国防科工委一等奖。著有《中国风能发展战略研究》《江苏沿海地区综合开发战略研究 风能卷》《中国风能可持续发展之路》《风洞天平》《风工程与工业空气动力学》等。

(《私立三育中小学校同学录》1946 年冬第 45 页,《壮我神州:"两弹一星"诗词集》第 293 页)

贺德馨
(1940—　　)

113. 袁仰安

1905 年生,定海城关人,后移居上海。早年就读于舟山中学,东吴大学法学院 1929 级法学学士、宁波旅沪同乡会干事。1930 年任暨南大学法律学系讲师。1935 年任上海律师公会监察委员。创办良友(复兴)图书印刷公司及冶中机器公司,任董事长,大夏企业银行创办人兼常务董事。1932 年创办上海狩猎学会。1947年移居香港,经办长城电影制片有限公司并出任总经理、导演。导演过《阿 Q 正传》《绝代佳人》等多部电影。1962 年创办新新电影公司。后退出电影业,投资制造业、玩具工业。1991 年向舟山中学捐资教师奖励基金。1994 年 1 月病逝。

(《东吴年刊》1929 年第 146 页、第 385 页,《东吴大学简史》第 217 页,《近代上海甬籍名人实录》第 277 页,《昌国文博》第 161 页,《舟山历史名人谱》第 256 页)

袁仰安 法學士
浙 江 定海
YUEN YANG-AN, LL. B.
Chekiang

袁仰安
(1940—1994)

114.袁世伟　袁世芳

袁世伟,1912 年生,定海人,父亲袁永定母亲丁修曾,从事电料业。妻子谢彬霞,有一子袁兆熊,三个女儿琼华、琼英、琼倩,均移居美国。1923 年进入上海澄衷学校小学三年乙级学习,1925 年 7 月小学毕业。1926 年就读于初中商业科二年甲级。毕业后在家族

袁世伟与妻子谢彬霞合影

企业上海鸿康电料股份有限公司担任襄理,主要负责对外业务,不久开设加工工厂。1953 年病逝。

(《澄衷》1923 年 5 期第 108 页、1924 年 7 期第 97 页、1925 年 8 期第 105 页、1926 年 11 期第 124 页,《袁永定后人忆教育经历与移民》)

袁世良,学籍记为世芳,1933 年 2 月 29 日生,定海人,袁世伟的弟弟,妻子张月娟,育有三子兆麟、兆强、兆琨。上海市立新闻路小学毕业,1946 年 9 月进入上海晋元中学读初中,1947 年 8 月转学。毕业后在家族企业上海鸿康电料股份有限公司工作,约于中华人民共和国成立后病逝。

(《上海晋元中学学籍卡》,《袁永定后人忆教育经历与移民》)

袁世良旧照

115. 桂兆安

1922 年 4 月生,定海城关镇人。1936 年至 1939 年就读于舟山中学。毕业后日军侵占定海,于是弃家流浪至浙江金华。1940年至 1943 年在江西安吉国立第十三中学高中部理科班求学。毕业后考入重庆兵工学校大学部造兵系,1949 年在校时为第十二期造兵系学生。1949 年下半年毕业后在重庆 791 厂工作,任车间主管技术员。1952 年至 1956 年在北京第二机械工业部第四研究所工作,任该所第二研究室金相热处理组副组长、工程师,并获所试验研究三等奖。1956 年下半年调至北京第六研究所工作,任有色金属试验室副主任、工程师。1979 年调至上海航空电器厂全面质量管理办公室工作。1990 年被评为高级工程师。1991 年 2 月由航空航天工业部授予专业技术职务证书。在此期间先后翻译了全面质量管理方面的外文资料,及有关援埃及的航空仪器制造方面的中文技术条件等。

（《舟山人在海内外 第二辑》第 124 页,《浙江古今人物大辞典续编》2001 年第 468 页,《民国时期兵工学校历届毕业生名录1917—1949》第 21 页）

116. 夏定友

1911 年生,定海人。四川农业大学博士、教授。曾任四川省政协委员,雅安市政协副主席。幼年在私塾接受启蒙教育后,在定海读小学和初中。1937 年从浙大农学院动物系畜牧组毕业。毕业后在南京中央大学畜牧兽医系任助教、讲师。承担了《家畜病理学》《家畜药理学》《家畜微生物学》和《家畜传染病学》等多门学科的教学工作。1942 年 8 月任四川教育学院副教授。1944 年 12月考取中华农学会奖学金,1945 年 9 月赴美公费留学,就读于美国康奈尔大学兽医学院,于 1949 年 7 月获取兽医学博士学位。同年起在四川铭贤学院、四川大学农学院、四川农学院任教授。

经常深入生产现场,针对当时危害畜牧业最棘手的猪瘟、副伤寒、仔猪白痢、牛疫病等开展科学研究,提出了许多新见解,控制了这几大疫病的蔓延,作出了重要贡献。1957年蒙冤入狱五年,刑满后出狱后又开始接受改造。在那样艰苦的时期,他依然坚持做学问。69岁的夏定友同志获得平反昭雪后,重回四川农业大学执教,为研究生开设了《高级免疫学》《动物传染病专题讲座》等课程,著有《怎样使用兽药》,培养了多名优秀的硕士生。儿子夏继明孙女夏新蓉,均为四川农业大学教授。

夏定友
(1911—1995)

　　(《浙农通讯》1937年第9期第28页、1936年第1期第4页,《家风承师道三代五教授献身教育事业》,《归来,二十世纪五十年代北美留学生名录》第312页)

117. 夏其言

　　曾用名继演,笔名季炎,1914年生,定海石礁乡人,父亲是上海锦江饭店掌厨。1927年就读于舟山中学。1934年进入沪江大学城中区商学院读夜校,1936年参加上海职业界救国会并发起组织党的外围团体"银联会",任党组成员,负责宣传工作。1938年转入银行部门党的地下组织,从事各银行内部的地下工作。1945年冬至1947年夏,先后在上海《时事新报》《文汇报》任记者,并负责地下党第二线刊物《评论报》的编辑出版工作,直至《文汇报》《评论报》被

夏其言
(1914—2002)

封,夏其言遭到通缉,组织上通知他立即隐蔽,于是他改名在一家药房当"帐房"。1948年冬接受新的战斗任务——迎接解放准备接管,除组织党内外同志收集上海各新闻单位政治、经济等各种材料外,还顺利完成了党交给他的两个任务——冒着生命危险拿到国民党防卫上海的军事地图和当时上海的粮食储备、消耗情况这两份重要情报,受到地下党组织的嘉奖。1949年暨南大学毕业,6月调入《解放日报》先后任经理、编委、副总编、高级记者,黄浦区第一、二、五届人大代表,上海市政协第三、四、五、六届政协委员,市委工作组副组长、组长,《解放日报》党委副书记兼副总编辑,上海市记者协会常务副主席,上海市老记者协会会长,《上海老年报》社长,舟山市人民政顾问,开发海洋振兴舟山促进会上海联谊会名誉会长。夏其言从事新闻工作半个世纪,写过不少影响较大的新闻报道、评论和文章。解放前写的,有的被上海"一大"党史纪念馆收藏为党史资料作展品陈列,有的被解放区报纸转载。中华人民共和国成立后写的,有的由《新华文摘》转载,有全国影响的由外地报刊转载,也有被台湾《传记文学》转载的。1989年版的《中国新闻年鉴》"中国新闻界名人简介"栏内载有他的事迹。1993年荣获国务院颁发的政府特殊津贴及证书。

（《上海高级专家名录　第四卷》第513页,《天南海北舟中人》,《舟山人在海内外　第一辑》第190页）

118. 顾生霖

又名荪霖,1934年3月生,定海人(一说籍贯北仑大碶头),原住沈家门鹤龄路9号。1947年在鄞县三一初中念秋始二年级,1949年读三年级。同年春在中学参加中共地下党的外围组织"文艺研究会",5月弃学投身革命工作。1953年加入中国共产党。曾任慈溪县民运工作队员、土地改革调研组成员、浙江和宁波两级党的监察委员会检查员

顾生霖
(1934—2011)

和秘书。1963年后从事文化工作,先后担任宁波专署文卫办公室秘书、宁波市文化局党支部委员、宁波京剧团书记等职,同时,长期分管宁波地区的文学、戏剧、美术、摄影创作,主办戏剧会演,创办宁波地区农民画展等。1989年任宁波市政协副局级调研员兼文史办公室主任、宁波书画院秘书长,从事文史资料的学术研究,并拾笔绘画。先后编辑出版了《宁波港史》《宁波辛亥革命史》《宁波抗日战争史》《宁波新闻报刊史》《宁波大革命史》以及《宁波民主党派史》等文史专集。参加了《宁波市志》的编写工作。在全国、省级报刊和兄弟省市学术交流会上发表《宁波是辛亥浙省起义首告光复的城市》《早期宁波商业船帮南北号》《我国古代对外开放的通商码头宁波江厦》《侵华日军制造的宁波鼠疫》《浙东人民营救美国飞行员纪实》等论著。后担任浙江省历史学会会员、宁波新四军研究会理事。1994年离休,2011年6月因病逝世。

（鄞县《三一校刊》1947年第5期第41页、1949年第7期第34页、第8期第30页,《舟山人在海内外 第二辑》第127页,《天南海北舟中人》）

119.顾生鹤

又名生岳,1927年生,祖籍北仑大碶头,生于沈家门。1948年就读于上海美术专科学校西洋画系,1949年1月毕业。次年进入中央美术学院华东分院深造,两年后留校任教。1959年加入中国共产党,1961年加入中国美术家协会。1985年升为教授。历任杭州市美协主席、浙江美术学院中国画系主任、浙江画院副院长、浙江人物画研究会会长、中国工笔画艺术委员会副主任委员。擅长速写和工笔人物画。主要作品有《顾生岳人物速写选》《吐鲁番速写》《情、意、活、速——顾生岳的人物速写》《顾生岳人像速写》《阿米娜》《当代中国画名家名作赏析与技法精萃——著名人物画家顾生岳专辑》《塔吉克牧人》《顾生岳速写》和《顾生岳工笔人物画》等。

（《恰同学少年(中)：上海美术专科学校档案史料丛编》第478页，《舟山人在海内外 第一辑》第186页）

顾生岳作品

顾生岳
(1927—2012)

120. 顾生安

1932 年生，定海人。在定海县立小学读书时，开始参加文艺活动。1947 年就读于浙东中学高秋一年级。1949 年参军，进入舟嵊要塞文工团，1970 年转业至省歌舞团，1988 年获副高职称，在创作室任二级作曲。作品具有浓郁的江南色彩，曾获世界青年联欢节金质奖章。顾生安是中国音乐家协会会员，省民族管弦乐学会常务理事。参与改编加工的浙东吹打乐《舟山锣鼓》获世界青年联欢节金质奖章。主要作品有《渔舟凯歌》《我是东海船老大》和《江南水路》等。1992 年离休。

（《浙东校刊》1947 年 4 期第 26 页、第 74 页，《浙江档案数据库：浙江历史名人辞典》，《普陀党史人物》第 130 页，《舟山人在海内外 第二辑》第 126 页）

121. 钱英郁

曾用名钱善根，艺名方隼，1918 年生，原籍定海，生于上海，中共党员。30 年代就读于舟山中学，毕业后回到上海就读于青年会中学，读高中时积极参加文艺活动，与同学合办"青钟"剧社。抗战初期，曾回舟山参加"小小图书馆"进步活动。1941 年 10 月考入"上海剧艺社"，开始长达 5 年之久的职业话剧演员生涯。1941 年太平洋战争爆发后，日军进占上海租界，经吴小佩、

钱英郁
(1918—2010)

樊春曦两位同志介绍加入中国共产党。1943 年与华艺剧团戴耘、柯刚等同志一起团结群众，抵制一些人妄图统治话剧的阴谋。1944 年，在国华剧社为争取演出《大明英烈传》，与戏剧审查官进

行斗争,取得了胜利。在话剧演员的生涯中,还在多个剧团任导演、特约导演,曾在香港长城影片公司上海编辑所任编写人员。上海解放后,即参加军管会、文管会文艺处工作,筹办第一届上海地方戏研究班,担任教育干事,文艺处剧艺室编审股长、副科长。1953年担任中共上海市委宣传部文艺处科长、中国戏剧家协会上海分会副主任、副秘书长等职。1982年离休。有《演技七讲》《导演八论》等著作出版。

(《舟山人在海内外 第二辑》第132页,《中国越剧大典》第248页)

122. 倪子俞

1923年2月生,定海县里洞岙人,父亲为倪葆年,母亲吴瑞雄毕业于宁波竹州师范学校,妻子为宁波张雨湘的女儿张鸣弦,育有一女倪滨一,一子倪彬晖。

1929年在定海中心小学读书。后转至舟山小学和舟山中学。1936年进入上海圣芳济学院八班读书,1940年9月进入昆明同济附中高一年级学习。1943年夏考入

倪子俞结婚前的照片

同济大学医学院,1945年曾一度参军,1949年6月(同学录离校为1950年)回到上海毕业。后自愿支援东北,先在大连工作,1954年被调到哈尔滨市哈尔滨医科大学第二临床医学院任内科主治医师。倪子俞为中国民主同盟成员,曾任黑龙江省民盟文教委员和哈医大侨联委员。1982年晋升为内科学教授兼内科教研室副主任和呼吸内科主任,1990年被聘任为黑龙江省呼吸病研究所所长。发表论文和其他著作百余篇,编写专著14本。主要的有:《呼吸系统疾病讲座》、《常见呼吸系统疾病诊疗常规》、《呼吸内科小丛书》(一套10册)、《肺心病临床研究37年》、《肺的临床

解剖和肺功能》、《家庭医学丛书》（一套 5 册）、《心和肺的内在关系》等。培养硕士研究生 14 名、进修医生百余名,荣获省政府、省科协和卫生厅成果奖 12 次。被选为中华医学会呼吸学会常委、全国肺心病研究协作组成员兼东北协作组组长、卫生部哈医大临床药理基地顾问,黑龙江省五病防治委员会呼吸病组长、黑龙江省初级卫生保健专家咨询委员会委员、黑龙江省呼吸病专业委员会主委。先后被聘为《国外医学·呼吸分册》编委、《医师进修》杂志编委、《临床医学》杂志编委等职。曾多次赴美国、德国、加拿大、日本参加国际学术会议,进行讲学和交流。被聘任为德国慕尼黑科技大学、加拿大曼尼托巴大学等校客座教授。曾在国内主办各种学习班 10 余次。1993 年退休后,受聘于哈尔滨市医学老教授疑难病研究所,兼任所长。1996 年被选入英国剑桥《世界名人传记辞典》。在国内被选入《中国人才辞典》《中国当代名人录》《中国当代中西名医大辞典》和《黑龙江省名医录》等。他的课题"呼吸系统疾病和肺心病",研究成果属国内领先水平。1999 年 3 月哈尔滨医科大学为他出版了《倪子俞医学文选》。

（《舟山人在海内外 第二辑》第 134 页,《同济医科离校同学通讯录》1951 年,《临床肺科杂志》1998 年第 1 期第 45 页,倪子俞《人生苦旅》,《中国当代医界精英辞典 第一卷》第 334 页,《浙江古今人物大辞典续编》第 479 页）

123. 徐　然

又名志成、志诚,字振麟,1893 年生,定海人。1910 年 7 月赴美,为清华第二批留学生进修教育学,1913 年美国威斯康星大学毕业后转入芝加哥大学,后增修社会学硕士学位。1914 年,回国后在母校任教,1917 年为上海书局纂辑书籍。1918 年任圣约翰大学教授。1919 年调至清华大学任英文文案代理主任,1922 年转秘书职,1923 年任斋务长。后斋务处废除,为学监部主任。1951 年为清华大学校监。

（《清华周刊》1925 年增刊第 110 页,《定海县志·选举志》第

2 页,《清华学校同学录》1937 年第 98 页）

124. 徐 尚

字志艻,1896 年生,定海人。1910 年 7 月赴美,为清华第二批留学生,1914 年从美国伊利诺伊大学电机学系毕业后,转入麻省理工学院,1915 年取得科学硕士学位。回国后任清华学校物理系教授。1934 年加入中国科学社,为工程科学组电工服社员。1937 年前后,曾服务于湖南衡阳粤汉铁路总稽核处。

（《清华周刊》1925 年增刊第 110 页,《定海县志·选举志》第 2 页,《清华学校同学录》1937 年第 98 页）

125. 徐志禹

字苍麟、苍鏖,1896 年生,定海人。1918 年就读于清华学校高中二年级,1920 年读高中四年级。同年选考为留美学生,1922 年获威斯康星大学工商管理学士学位,1924 年获密歇根大学市政管理硕士学位,1925 年获美国西北大学会计学硕士学位。曾在暨南大学、沪江大学、大夏大学、复旦大学、中央大学、厦门大学任教,曾任杭州电厂会计主任。1936 年发表《工业革命之价值》等文章。1937 年前后任长沙锑业管理处会计主任。

（《清华周刊》增刊四 1918 年第 40 页,《清华学校同学录》1937 年第 198 页,《中国现代汉语学的展开:清华政治学系的早期发展》第 461 页,《之江经济》1936 年第 5 期第 1 页）

126. 徐厚梓

1916 年 1 月生,定海城东人。1932 年毕业于定海中学（现舟山中学）,1938 年考入上海光华大学化学系。1942 年 3 月毕业前夕离开光华大学,奔赴华北新四军一师军工部驻地参加工作。1943 年 5 月加入中国共产党。抗日战争时期一直在新四军军工部门从事弹药生产试制工作,曾获模范共产党员、劳动模范等荣誉。1947年,到大连创建新公司,任工程部研究室主任,专门研制75厘米后膛炮弹的引传雷管的火工品配制工作,为大批量生产炮弹创造了条件。这些炮弹在解放战争特别是淮海战役发挥重要作用,受到了部队领导的好评。1949年5月在武汉中南重工业部兵工局,任军工处副处长、技术处副处长、处长等职。1952年10月调到北京中央兵工总局第一研究所,先后在一机部、二机部、五机部(现为兵器工业第五设计研究院)等设计研究院工作。在职期间曾任总设计师、副总工程师、副院长等职,兼任兵工学会副秘书长,并被评为高级工程师。1980年离休前,一直负责兵工系统炸药工厂的设计工作,并负责援外项目。

（《舟山人在海内外 第二辑》第140页,《天南海北舟中人》）

127. 殷鸿福

1935年3月出生于上海,祖籍定海城关(现东门里招待所地址),父亲殷恩祖为英国驻上海领事馆翻译。殷鸿福为中国科学院院士,地层古生物学及地质学家,中国古生物学会副理事长,《古生物学报》副总编,国际二叠、三叠界限工作委员会主席,国际地质对比规划395项主席。1946年从定海小学毕业,就读于上海育才中学。1952年考入北京地质学院地质勘探系,1961年从北京地质学院毕业。历任中国地质大学(武汉)教授、博士生导师、校

殷鸿福
（1935— ）

长。1980年和1990年分别赴美国自然博物馆和英国大英自然博物馆任高级访问学者。1993年当选为中国科学院院士。早年从事三叠纪地质学和古生物学研究,倡导生物地质学研究方向,推

动古生物学与地质学全面结合。较早系统地介绍间断平衡论、新突变论、世界地质学,提出地质演化突变观,对古、中生代之间绝灭事件的研究产生广泛影响。最早合作出版《古生态学教程》。完成全国第一部生态地质学专著及《中国古生物地质学》,后者于1994 年由英国牛津大学出版。在生物成矿方面,提出生物—有机质—有机流体成矿系统。在地球表层系统方面,着重对长江环境演变的研究。倡导非威尔逊旋回,非史密斯地质学及其填土方法。系统总结了中国及东亚的三叠系,首次提出国际二叠—三叠系界限新界定,界限事件的火山成因说等,并将全球二叠系三叠系界线成型金钉子确立在中国浙江长兴。出版有 21 部专著,发表 180 篇论文。曾获中国古生物学会首届尹赞勋奖、李四光地质科学奖及国家级有突出贡献中青年专家称号、全国先进工作者、湖北省特级劳动模范。为国家地质科学事业培养出一大批优秀人才。分别于 2003 年和 2023 年来舟探亲和访问。

（《舟山历史名人谱》第 336 页,《媒体地大 2001—2004》第 26 页、第 48 页,《作文周刊〈高二读写版〉》2019 年第 40 期第 19 页）

128. 翁斯鑑　翁頵年　翁龙年　翁善年

翁斯鑑,字也鲁,1898 年 3 月生,定海展茅人,翁虎年是其长子。1919 年在宁波甲种工业学校金工科毕业。1919 年秋自费赴日留学,1920 年夏公费考入东京高等工业学校机械科,1924 年毕业,1925 年回国。1932 年到 1936 年在浙江省水产学校和江苏水产学校讲授冷冻学。1937 年在上海永新冷冻制冰厂任技师。1938 年至 1949 年担任上海新华薄荷厂、华丰钢铁厂和中华水产公司技术工作。1951 年被聘为上海水产专科学校兼职教授。1952 年秋上海水产学院成立,被聘为水产加工系专职教授,主持水产加工专业冷冻技术课程的教学工作。1956 年被评为高教四级教授。1958 年秋上海水产学院冷冻专业正式成立并首届招生,翁教授担任冷冻教研组（室）主任,一直到 1976 年去世。著有《制冷技术》。

（《浙江教育》1920 年 3 卷 5 期第 55 页，《上海水产大学校友录》第 276 页，《中国冷冻技术》第 23 页，《舟山市志》第 805 页，《展茅镇志》第 128 页，《制冷技术》2005 第 1 期第 58 页，《上海高级专家名录 第三卷》第 82 页）

翁颍年，又名虎年，翁斯鑑长子，翁龙年之兄，展茅横街村人。1926 年 12 月生，家乡小学毕业后，考入宁波效实中学上海分校读书，后就读于交大附中。1948 年上海交通大学民四零级工业门制造组毕业。曾供职于上海铁路局工务段。1978 年至 1979 年任上海金山石油化工总厂日语翻译组长，1979 年至 1992 年任上海徐汇区业余大学高级讲师及上海交通大学、复旦大学兼职教授。有俄文《无线电原理》中译本出版。1992 年 8 月逝世。

（《展茅镇志》第 109 页，《交大机械》1948 年创刊号第 97 页，《普陀党史人物》第 84 页）

翁龙年，1928 年 9 月生，展茅横街村人，翁斯鑑次子。1947 年考入天津北洋大学电机工程系。先后任职于北京电信局、邮电部编译室、邮电大学。1987 年被评为教授。设计"CAPLTN 市话网规划软件系统"，获邮电部科技进步二等奖；制定"长春市电信网发展规划"，获长春市科技进步二等奖；著《运筹学》，获邮电部高等学校教材优秀二等奖；论文《辐射型市内邮车路线的启发式算法》，获中国通信学会优秀论文三等奖。

（《展茅镇志》第 109 页，《北洋大学天津大学校史 1895—1949》第 497 页）

翁善年，女，1930 年 11 月生，展茅横街村人，翁斯鑑的女儿。上海华东化工学院毕业，先后供职于重工业部、化工设计院、化工部第四设计院。从事化工设计近四十年，被评为高级工程师。70 年代参加我国第一套年产 30 万吨合成氨示范厂——上海吴泾化工厂设计施工全过程，获上海市建委"70 年代优秀设计奖"。80 年代参加国标《工业企业煤气安全规程》制定。

（《展茅镇志》第 109 页，《浙江历史名人辞典》2021 年）

129. 黄齐望

又名聘渭,1904 年生,定海紫微天童村人,植物保护学家。二十年代早期在定海中学、宁波民强中学读书。1927 年考入浙江大学农学院。大学时期就加入了中国共产主义青年团。1930 年,从浙江大学三年期劳农本科农艺系毕业,留校任植物病理学助教。1933 年任南京中央农事实验所技士。1935 年公费前往日本九州留学。1937 年 7 月完成《烟草之某种细菌病》论文。1937 年 8 月回国,在定海简易师范学校任教务主任。1939 年 6 月,先

黄齐望
(1904—1982)

后在江苏南通学院、福建农学院以及中正大学任副教授、教授。1944 年 9 月起回定海任县立定海中学教务主任、校长。1949 年任南昌大学、江西农学院等教授,主编《植物病理学讲义》等专著,对木霉拮抗作用、水稻菌核病、油菜霜霉病、十字花科植物根肿病和烟草病等研究都取得了较大成果。主编《江西农作物虫害志(病害部分)》《中国棉麻病要览》《水稻病害诊断和防治》《江西经济植物病害志》等多部著作。发表过《植物疾病发展史》等数十篇论文。多次被评为江西省劳动模范、先进工作者。并被选为第三届全国人民代表大会代表、江西省政协常委、中国民主同盟江西省委常委、江西农大学术委员会副主任、中国植物病理学会第二届理事会理事、江西植保学会第一届理事会副理事长以及江西农学院科学研究部主任、植物病理微生物教研室主任等职。黄齐望教书育人,身体力行,为人师表,学识渊博,深受师生的崇敬。1982 年 4 月 13 日在南昌病逝。

(《国立浙江大学校刊》1930 年 19 期第 7 页,《浙农通讯》1936

年第 2 期第 5 页、1937 年第 10 期第 14 页,《舟山市志》第 810 页,《定海县志》第 796 页,《国立浙江大学一览二十一年级》第 418 页,《国立浙江大学龙泉分校史料》第 329 页,《舟山日报》2012 年 8 月 23 日)

130. 黄连全

黄连全

1923 年生,定海老碶城隍头人。早年就读于上海复旦中学。1950 年 5 月随国民党军前往台湾。两年后退伍,曾开办贸易公司、饭店、计程车行、成衣公司,在广州建造世界贸易中心大厦。在美国、约旦等国家开办服装加工厂。曾创办上海上信科技贸易有限公司、昆山宏利房地产公司。1998 年捐资 300 万元为家乡兴建了大成中学。2003 年 9 月开始在大成中学设立"大成奖(教)学金"和"特困学生助学金"基金会,每年对优秀教师和优秀学生以及贫困生进行发放。是舟山市荣誉市民,多次回乡探亲。

(《定海旅台人物录》第 150 页,《海外舟山人》第 55 页)

131. 黄志钧

1935 年 9 月生,沈家门泗湾路方井头 33 号人。1949 年在鄞县三一初中读秋始一年级。1954 年从舟山中学高中毕业后,考入上海第一医学院医疗系学习。1959 年大学毕业,留校任教,求学期间一直担任学生会和共青团干部。1965 年调回家乡,在普陀县人民医院任职,先后任内科主任、副院长、院长。1987 年评为副主任医师。1992 年晋升为主任医师。1996 年退休,1997 年受聘担任普陀山佛教协会普济医院业务院长。专长心血管病诊治,曾发表多篇论文,主要有《河豚鱼中毒》《纯素膳食与血脂水平》《普陀山僧人冠心病危险因素分析》《实验室方法的临床评价》《普陀区流行性出血热首例报告》等。1986年至1987年与上海华山医院抗菌素研究所协作,撰写了《头孢噻肟——一个有临床前途的第三代头孢菌素(疗效分析)》得到了专家教授的好评。被聘为舟山市普陀区医学会顾问和浙江省医科院舟山心血管流行病学研究室顾问。曾任普陀县(区)第二、第三届科学技术协会主席,第八、九、十届人民代表大会常务委员会副主任,舟山市第二届政协委员等职,并被载入《中国专家人才库》《中国专家大辞典》等辞书。

(鄞县《三一校刊》1949年第7期第38页,《天南海北舟中人》,《普陀党史人物第1集》第177页)

132. 董浩云

又名兆荣,1912年生,定海城关中太平弄人。早年在上海求学。1927年中学毕业,考入航造业训练班。自学英、法、日三国语言。1928年考入金城银行,最初任职于金城集团的天津航业公司,后历任天津航业同业公会常务执委、天津航业公会副会长、天津通成公司运输部经理和金城银行船务部经理。1938年成立民营中国航运信托公司,1946年成立中国航运公司,专营远洋航运业务。1950年中国航运公司迁至台湾,改为"官方营运",1955年恢复民营。

董浩云
(1912—1982)

1959年建造7万吨级油轮"东亚巨人号",为当时世界十大油轮之一。1967年向日本订购"极大型"油轮(22万吨级和30万吨级)3批共18艘。1973年成立东方海外货柜航业公司,1979年委托日本住友重工会社建造56.6万吨超级油轮"海上巨人号",全盘收购英国实纳斯惠实轮船公司(拥有船50艘),收购美商海铁太平洋轮船公司和欧洲大德轮船公司三分之一的股份。董浩云是董氏航运集团的创始人兼主席,80代初,该集团有船149艘,总量1200万吨,为世界七大船王之一。1971年与美国普曼学院等校合办海上进修学院,任校董会主席,设董浩云奖学金。还先后被聘为美国斯坦福大学胡佛研究所理事会理事、斯坦福研究院院士,华盛顿国际讲师教育审议会会员,英国师范大学评议会会员。曾获日本佐世保、美国长堤、德克萨斯州爱巴苏市荣誉市民。1977年获法国政府骑士级荣誉勋章。1982年4月获比利时国家勋章,同月14日在香港病逝。董浩云爱好文学、戏剧、电影、音乐,组织过海星影业公司,曾任香港星岛报业有限公司董事。著有《董氏航业丛书》四辑。

(《舟山市志》第808页)

133. 蒋 鑑

女,又名蒋鉴。1902年出生,定海白泉人。父亲蒋昌炽,丈夫为镇海周明栋医生。1916年从上海裨文女子中学肄业,1922年文生氏高等英文学校预科毕业。结婚后,和丈夫往来于沪杭间行医,东太平巷3号是他们在杭州的诊所兼居住之地。抗日战争爆发后,迁居汉口,创办民众诊所,并进入第五陆军医院做义务护士,积极参加战地伤病护理工作。1938年5月16日,第五陆军医院西迁至四川

蒋 鑑
(1902—1940)

合江,蒋鑑负责将重伤兵护送到宜江后返回。后受李德全、邓颖超之托将100名难童护送到重庆临时保育院,并担任院长。在她的努力下,将保育院办成了儿童乐园,被称为"伤兵之母""难童之

母"。终年的劳碌严重损坏了蒋镒的健康,1940 年 10 月 5 日,蒋镒因肠癌不幸逝世。抗战胜利后,其灵柩迁葬于重庆嘉陵江畔。

（《群岛述旧》第 137 页,《申报》1922 年 6 月 18 日,《中国红十字运动史料选编第 9 辑》第 183 页）

134. 蒋照义

1930 年 8 月生,定海人。1948 年在上海中学校读高三,后在新华银行总行出纳股工作,1961 年至 1965 年在中共中央华东局宣传部理论班学习。先后在上海财经学院、上海社会科学院任院刊编辑,任马列主义哲学研究室、毛泽东哲学思想研究室主任。后任上海社会科学院哲学所副研究员,《社会科学》杂志社、《毛泽东哲学思想研究》杂志副主编,从事毛泽东哲学思想研究。参与撰写《论我国社会主义革命》《社会主义民主论》,发表论文有《人民内部存在着阶级斗争论》《从资本主义到共产主义过渡》《矛盾论是唯物辩证法在中国的运用和发展》《论用科学态度研究矛盾论——矛盾论五十春秋》等,曾任上海社会科学院研究员。

（《上海中学校复校第三届毕业纪念刊》1948 年第 213 页,《上海社会科学界人名辞典》1992 年第 163 页,《上海高级专家名录第四卷》第 477 页）

135. 舒昭圣　舒昭贤　舒昭英

舒昭圣,1907 年生,定海人,是舒昭贤、舒昭英之兄长,被上海印染界称为"一门三杰"。1928 年沪江大学化学系理学学士毕业。曾任新丰印染厂董事长,天一单宁酸厂厂主,信孚印染厂常务董事,孚昌染织厂董事。曾在英商纶昌印染厂染化部任职,负责技术管理。1932 年改入德商德福洋行任实验室主管、工程师,同时兼任上海光新印染厂和茂雄染织厂工程师及顾问。1935 年投资鼎丰染织厂,将其改名为鼎丰盛记染织厂。1937 年鼎丰厂被毁。次年春,舒昭圣利用与德商德孚洋行的关系,以德商第四厂名义在日战区重建厂房,增添设备,恢复生产,获利颇丰。1939年,德孚第四厂改名为上海新丰印染厂股份有限公司,舒昭圣任总经理兼总工程师,所产白猫牌印花布十分畅销。1947年新丰厂已拥有四个织布厂,四条印花布生产线,成为同行业中的大户。次年担任中国染化工程学会理事长。1949年后在新丰董监事联席会议上率先提出申请公私合营。1951年7月公司正式公私合营后,任上海染纺织印染联管处工务主任。1956年任上海市印染工业公司副经理,常深入基层指导生产。曾任上海市第四、五届人大代表。

(《近代上海甬籍名人实录》第339页,《宁波帮大辞典》第266页,《近代浙商名人录》第249页,《沪江年刊》1928年13卷第109页)

舒昭圣
(1907—1977)

舒昭贤,1910年生,定海人。1933年光华大学政治学文学士毕业,学校科学会会计。曾创办鼎丰印染厂,又与其兄开设天一单宁酸厂。1937年创办信孚印染厂及新丰印染厂,任经理。产品以福利多布、白猫花布畅销市场。

(《光华年刊》1933年第8期第168页,《近代上海甬籍名人实录》第339页,《宁波帮大辞典》第226页)

舒昭贤毕业照

舒昭贤获奖照片

舒昭英,定海人。1934 年在光华大学政治系读二年级。毕业后协助兄长舒昭圣管理企业,曾任新丰印染厂董事、副经理。产品以福利多布、白猫花布畅销市场。

(《上海文献汇编 文化卷 27》第 561 页,《上海制造厂商概览》1947 年第 132 页,《宁波帮大辞典》第 226 页)

136. 舒明炎

定海人,1949 年上海中学毕业。医学院毕业后,在首都医科大学附属北京妇产科医院任肿瘤科主任医师。擅长妇科疑难病症的诊治,如妇科肿瘤、子宫内膜异位症、子宫脱垂、妇科内分泌等,尤其专长治疗葡萄胎、绒癌、卵巢肿瘤。主编有《实用妇产科新型手术图解》《妇产科护理》《妇产科学》等。

(《江苏省立上海中学 1949 年毕业纪念刊》,《北京名医》第 269 页)

舒明炎旧照

137. 舒兴田

1940 年 4 月生,原籍定海,出生于上海市,中国工程院院士,分子筛和炼油催化剂制造专家。1949 前在虹口区就读小学,中华人民共和国成立后完成小学和初高中学业。1959 年 9 月考入华东化工学院有机工业系石油及天然气工学专业,1964 年 7 月本科毕业获学士学位。毕业后进入石油化工科学研究院第二研究室工作。1970 年至 1983 年,在石油化工科学研究院第十四研究室工作;1984

舒兴田旧照

年至 1999 年,在石油化工科学研究院第二十二研究室工作,先后担任题目组长、主任工程师、室主任、高级工程师。1998 年获得第二届光华工程科技奖,申请国内外专利近 200 项。1999 年当选中国工程院院士。2000 年担任石油化工科学研究院办公室学术委员会副主任、教授级高级工程师,长期从事分子筛炼油催化剂的开发和工业应用研究。2008 年当选第十一届全国政协委员。

(《中国石化》2007 年 10 期第 20 页,《英才辈出》第 18 页,《中国石油企业》2023 年第 5 期第 30 页)

138. 童重起

1931 年 10 月生,岱山县秀山人。1944 年就读于定(海)象(山)联立中学。1949 年从宁波中学毕业后,考入上海东南医学院。后随校迁往安徽省合肥市。1954 年毕业于安徽医学院(今安徽医科大学)。受国家统一分配至铁道部锦州铁路局锦州中心医院,从事病理学工作,历任医师、主治医师、主任医师。还担任中华医学会锦州分会理事、病理学会主任委

童重起旧照

员,中华医学会辽宁分会病理学会委员,中国抗癌协会辽宁分会临床细胞学会副主任委员等职。1974 年起受铁道部委托,负责举办全路病理诊断进修班八期,培养病理专业人才百余名,被铁道部选为全路卫生技术干部病理专科培训基地和病理技术中心。编有《病理学基础》和《肿瘤细胞学诊断》等书。发表的论文《婴幼儿胸腺萎缩及其相关病变的形态学观察》,在北京召开的第二届国际病理学术会议上宣读;《痰液细胞学诊断细支气管肺泡癌的临床价值》在第十届亚太国际肿瘤会议上交流。1978 年起,任辽宁省政协第四、五、六届委员。先后多次荣获铁道部、辽宁省优秀共产党员,先进生产(工作)者,全国卫生先进工作者称号。1992 年受国务院表彰并享受政府特殊津贴。1992 年初去美国探亲并

考察,1993 年底回国后任医院顾问,退休后仍从事病理研究和病理会诊工作。

（《天南海北舟中人》,《中国实用妇科与产科杂志》1986 年第 1 期第 9 页）

139. 潘瑞泰

1934 年生,定海小沙乡人,出生于上海。父亲潘杏绥,妻子为台湾彰化的徐水华。曾在上海市北中学读书,逃难回家,拉伕被抓。乘"海宇号"前往台湾,成为国民党陆军 75 师 224 团士兵。5 月 30 日调至烈屿守防,1951 年后调至金门机动部队,任陆军 17 师 105 榴炮 68 营少尉前进观测官、中尉连副。1954 年考入台湾"凤山陆军军官学校"炮科 26 期。历任国民党陆军预一师 1 营弹药队长,上尉补给官,陆军"中正理工学院"教学学院上尉助教,少校讲师,1970 年依额退伍。曾就读于"台湾省立师范大学"数学系,台湾"政治大学"统计研究所毕业。在私立"辅仁大学"、"台北大学"兼任教授,台湾"中兴大学"统计学专任教授,届满退休。

（潘瑞泰《一九五零年被抓从军记》,《逝云的硝烟——赴台老兵访问实录》第 53 页）

140. 戴闺雄

女,定海人。1936 年上海私立圣玛利亚书院女校毕业。1940 年上海圣约翰大学理学学士毕业,1943 年圣约翰大学医学博士毕业。1965 年参加上海市普陀区西医在职学习中医科研小组,撰有《不明原因性低热 75 例调查报告（祖国医学分型施治的初步探讨）》。

（《凤藻》1936 年第 16 期第 41 页,《圣玛利亚女校 1881—1952》第 279 页,《上海圣约翰大学 1879—1952》第 468 页）

戴闰雄旧照

141. 缪开东　阮锦云　徐秉燮　蓝文元　卢康年　卢康勋　邬德伟　夏茂良　章国瑞　王石山　任　忍

缪开东，定海人。1926年1月至10月为黄埔军校第三、四期教职员官长，军需处粮服科中尉支应，时年42岁。第五期中尉课员。

（《浙东军事芜史》第446页、第449页，《黄埔将帅黄埔名录》第8页）

阮锦云，1909年3月生，定海人，女儿阮湘华。1926年1月参加黄埔陆军军官学校第四期政治科大队第四队学习，1926年10月毕业。编入国民革命军第一军，参加北伐，后任宪兵特警队中校队长。1937年12月在对日南京保卫战中牺牲。

（黄埔军校同学会网站《黄埔名录》，《浙东军事芜史》第448页，《抗战时期黄埔四期阮锦云烈士遗孀曾智仁致女儿阮湘华15封信》《深切缅怀抗战英雄黄埔四期阮锦云烈士》）

徐秉燮，字国魂，1908年生，定海城道镇人。1926年8月在黄埔军校第六期学习,1929 年 5 月毕业。1947 年 1 月任交通部上海民航局管制科长,4 月调至上海筹建空中交通管制站并任主任,9 月管制站改属交通部民航局电信总台,任副总台长兼站主任。1948 年 3 月改组为上海空中交通管制处,并任主任。1950 年前往台湾省。著有《导航台的几个基本方法》。

（黄埔军校同学会网站《黄埔名录》,《浙东军事芜史》第 454 页,《上海民用航空志》第 636 页）

蓝文元,字天壮,1914 年生,定海人。1937 年 10 月 23 岁参加黄埔陆军军官学校第十四期第二总队学习,1939 年 9 月毕业。

（黄埔军校同学会网站《黄埔名录》）

卢康年,字汉元,定海人。1938 年 1 月参加黄埔陆军军官学校第十五期学习,1940 年 7 月毕业。

（黄埔军校同学会网站《黄埔名录》）

卢康勋,定海人。1938 年 1 月参加黄埔陆军军官学校第十五期学习,1940 年 7 月毕业。

（黄埔军校同学会网站《黄埔名录》）

邬德伟,定海虾峙人。1940 年 5 月参加黄埔陆军军官学校第十七期学习,1942 年 1 月毕业。

（黄埔军校同学会网站《黄埔名录》）

夏茂良,1918 年生,定海人。1940 年 7 月参加黄埔陆军军官学校第十七期学习,1942 年 2 月毕业。

（黄埔军校同学会网站《黄埔名录》）

章国瑞,名金,1918 年生,定海人。1940 年 7 月参加黄埔陆军军官学校第十七期学习,1942 年 2 月毕业。

（黄埔军校同学会网站《黄埔名录》）

王石山,字正之,定海人。1941 年 12 月参加黄埔陆军军官学校第十八期二总队学习,1943 年 10 月毕业。

（黄埔军校同学会网站《黄埔名录》）

任忍,字锦华,定海人。1946 年 3 月参加黄埔陆军军官学校第二十期学习,1946 年 12 月毕业。

（黄埔军校同学会网站《黄埔名录》）

游学人物名录

丁

丁义明:字子峻,号更生子,1877 年生,定海人。1911 年 2 月由程光甫、柳亚子、朱少屏介绍加入南社,住定海东门外板桥侧。从上海格致书院肄业后,曾任定海阅报社社长、北洋中国地学总会名誉会员扬州复古社社员。1918 年就读于中华编译社函授部,发表多篇地学相关文章,登载于杂志。1919 年被省教育厅检定为西学小学正教。1922 年任定海教育科学务委员,分管城区教育工作。

(《文学讲义》1918 年第三期第 17 页,《地学杂志》1911 年第 18 期第 60 页、1912 年第 18 期第 60 页、1913 年第 6 期第 23 页、1914 年第 2 期第 41 页、1915 年第 3 期第 35 页,《浙江教育》1919 年二卷一期第 190 页、1922 年五卷第五期第 29 页,《南社社员录》第 236 页)

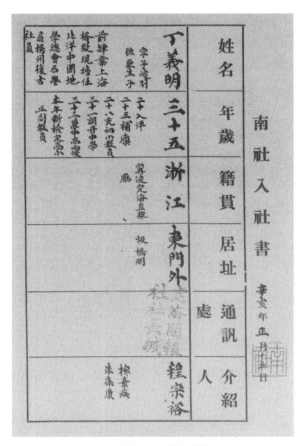

丁义明加入南社入社书

丁秋生：1907 年生，定海北大街丁四房人，丁钦斋四子，妻子是赵秋英，育有 7 子 3 女。先在私塾启蒙，后就读于上海圣约翰大学附属青年中学。毕业后在银行实习。20 年代在英商裕华公司当练习生，会讲英语。中华人民共和国成立后，曾被捕入狱，1976 年释放，1984 年去世。

（《定海名门》第 66 页）

丁似兰：定海北门石柱弄丁二房人，丁慎安三子。1927 年从上海光华高中毕业，后就读于沪江大学，1932 年毕业。1938 年任舟山轮船公司经理，又任美孚火油汉口总买办、大华科学仪器馆董事、锦章号经理。1946 选任上海市轮船业同业公会候补监事。

（《光华年刊》1927 年第 2 期第 124 页,《私立沪江大学一览》1936 年第 234 页,《昌国文博》第 201 页）

丁似兰旧照

丁芳宾:1910 年出生,定海人。1926 年进入上海澄衷学校就读于高小二年乙级。

（《澄衷》1926 年 11 期第 126 页）

丁芳培:1913 年出生,定海人。1926 年进入澄衷学校就读于高小一年乙级,1929 年毕业。

（《澄衷》1926 年 11 期第 129 页,《澄衷半年刊》1929 年夏第 95 页）

丁宛容:定海人,1935 年就读于沪江大学商业管理系二年级。

（《私立沪江大学一览》1936 年第 225 页）

丁忠保:1914 年 10 月生,定海人。1936 年从上海三极无线电工程专科学校电信工程科毕业。后在上海医疗器械研究所任高级工程师,专长无线电技术、理疗器械。

（《上海高级专家名录 第二卷》第 542 页）

丁苏民:名德惠,1915 年 8 月生,定海城关镇人,高级会计师,无党派民主人士。20 世纪 30 年代先后就读于舟山中学、宁波效实中学和上海立信会计学校,毕业后在上海大中华火柴公司工作。1937 年初,前往广西、贵阳、重庆等地,担任会计主任、科长、会计专员等职。抗日战争胜利后前往北平、天津,历任科长、厂长、经理。上海解放后,在上海市税务局黄浦区分局任副局长、轻工业局财务处副处长等职。1976 年在上海电视机一厂副厂长任期内退休。应上海社会科学院的邀请,担任部门经济研究所特约研究人员。曾任上海中华社科会计师事务所顾问、中国船舶工业总公司财务顾问等。曾发表过有关企业固定资金、流动资金管理体制改革、成本管理核算等方向的十余篇论文。著有《全面经济核算》《潘序伦回忆录》《农村合作经济会计》等书。曾任舟山中学校友会上海联络处和舟山市开发海洋振兴舟山促进会上海联谊会理事。

(《舟山人在海内外 第二辑》第 5 页,《天南海北舟中人》)

丁伎梅:1918 年生,定海北大街丁四房人,丁梅生的儿子,妻子是胡珠兰,育有 7 子 3 女。1937 年从舟山中学高中毕业,后就读于上海光华大学文学系,1942 年毕业。毕业后积极投身抗日救亡运动,创立"小小图书馆",并任第一任馆长。1945 年后曾任定海城关镇公所所长,曾创办工厂。1998 年去世。

(《定海名门》第 66 页)

丁芳植:1918 年生,舟山人。1926 年进入澄衷学校读初小一年级。

(《澄衷》1926 年 11 期第 141 页)

丁颐艺:1927 年 1 月生,定海人。1952 年同济大学医学院毕业。任上海静安区老年医院主任医师、外科主任,专长普外科、泌尿外科。

(《上海高级专家名录 第一卷》第 325 页)

丁文羽:原名丁淑娟,女,1928 年 5 月生,舟山人。二十世纪四十年代从舟山中学肄业。1946 年 10 月到上海章华毛纺织厂当养成工。1948 年 4 月在章华毛纺织厂加入中共地下党。为迎接上海解放,曾多次参加工人罢工运动。上海解放后,于 1949 年 9 月参军,到南京二野军大学习。1950 年初随军到西南。1950 至 1954 年在重庆市西南军政委员会人事部、西南局组织部任科员、干事。1954 年大区机构撤销,调到西南设计院任人事科科长。1957 年调至中央建工部高级干部学校学习。1958 年 8 月转入上海同济大学学习。1962 年 3 月毕业于同济大学工业与民用建筑专业,同年调入上海华东工业建筑设计院,任设计室党支部书记、党委委员。1979 年 2 月离休。

（《天南海北舟中人》）

丁方汾：1930 年 2 月生,定海人。1952 年同济大学机械系毕业。在上海汽轮机厂任高级工程师,专长机械制造质量检查。1990 年发表论文《核电 30 万千瓦汽轮机质量保证体系的建立和完善》。

（《上海高级专家名录 第二卷》第 665 页,《试制六千瓦汽轮机的人们 1955》第 6 页）

丁得宏：定海城关北大街人。1948 年从定海中学毕业,考入鄞县县立中学就读。

（定海县立中学 1948 级级友会《正风刊》第 22 页）

丁曦艺：定海人,父亲丁鸣鹤。1944 年 8 月由定海县立昌国中学转入上海市复旦大学附属中学高中一年级普通科,成绩记录至高一第二学期。

（《上海复旦中学学生卡成绩表》）

丁得璋：1929 年 12 月生,定海人。1950 年从上海沪江大学化学系毕业。在上海医药设计院任高级工程师,专长设计和经营管理。

（《上海高级专家名录 第二卷》第 552 页）

丁德生：1930 年 8 月生,沈家门人。1947 年在鄞县三一初中读春始三年级。1952 年 8 月毕业于圣约翰大学化学系,理学学士。在轻工业部香料工业科学研究所任高级工程师,专长有机化学、香料化学,从事香料化学和香料研究。1986 年因"中国灵猫香膏香气成份研究"成果获轻工业部科技进步二等奖。论文有《精油中的驱避成份 8-乙酰氧基别二氢葛缕酮》等 30 余篇,译著《合成香料与单离香料》等 4 本共 35 万字。

（鄞县《三一校刊》1947 年 第 4 期第 27 页,《上海圣约翰大学 (1879—1952)》第 523 页,《上海高级专家名录 第二卷》第 620 页）

丁美丽：女,1932 年生,定海沈家门人。1947 年在鄞县三一初中读秋始三年级,1949年读高中一年级。

（鄞县《三一校刊》1947年第5期第37页,1949年第7期）

丁逸琴:女,1933年生,定海沈家门西横塘人。1947年在鄞县三一初中春始一年级乙组就读。

（鄞县《三一校刊》1947年第2期第69页）

丁雅清:女,1933年生,定海沈家门人。1947年在鄞县三一初中秋始三年级就读。

（鄞县《三一校刊》1947年第5期第37页）

丁德宏:1933年11月生,定海城关人,丁秋生四子。1948年从舟山中学初中毕业后到上海广肇中学就读,1952年高中毕业。1959年从上海第二医学院口腔医学系毕业,同年分配到广东坪石矿务局职工医院任医师。1963年调至湖南资阳矿务局总医院任口腔及五官科主任。1989年晋升为口腔科副主任医师。1994年退休。其撰写的论文《上颌骨矢状骨折》《空管药物治疗牙根尖周病100例》被编入《临床医学荟萃》。

（《舟山人在海内外 第二辑》第71页,《天南海北舟中人》,《定海名门》第69页）

丁世昌:定海沈家门新街人,1948年就读于浙东中学初春一年级。

（《浙东校刊》1948年5期第81页）

马

马经绪:1905年出生,定海人。1921年进入澄衷学校商业科二年级就读。1923年从商业科四年级毕业。1925年7月毕业于上海文生氏英文专门学校预科班。

（《澄衷》1921年1期第139页、1923年5期第84页,《时事新报》1925年7月3日）

马剑鸣:女,1926年12月生,普陀六横人,中共党员。原北京医科大学附属第一医院副主任医师、中国中西医结合研究会会员。1933 年至 1939 年在定海南郊小学念书。1940 年至 1946 年先后在私立舟山初级中学、昌国中学、上海启明女中读书。1946 年起在浙江湖州福音医院附设高级护士学校学习，1949 年毕业。1949 年湖州解放，同年 10 月到浙江省干部学校学习并参加革命。1950 年至 1956 年先后在浙江省保健院、沈阳中国医科大学附属医院、北京积水潭医院任护士、护士长。1956 年至 1961 年，在北京医学院医疗系学习。1961 年毕业后，先后在北京医科大学附属第一医院任住院医师、总住院医师、主治医师等职务。1969 年至 1973 年，在国家计委"五七"干校校部医务室工作。1987 年被评为副主任医师，1987 年 8 月退休后，被北京医科大学附属第一医院返聘从事专家门诊和肾炎专科门诊工作。

（《普陀党史人物》第 87 页，《普陀区志》第 846 页，《天南海北舟中人》，《舟山人在海内外 第一辑》第 1 页）

马缵绪：定海人。1949 年在之江大学商学院会计系二年级第一学期就读。

（《之江大学同学录》1949 年秋第 12 页）

马绪周：定海沈家门人。1947 年就读于浙东中学初春二年级。

（《浙东校刊》1947 年 4 期第 30 页）

马适群：定海人。1949 年在鄞县三一初中秋始一年级就读。

（鄞县《三一校刊》1949 年第 8 期第 34 页）

马绪成：定海沈家门荷叶湾人。1949 年在鄞县三一初中春始一年级就读。

（鄞县《三一校刊》1949 年第 7 期第 37 页、第 8 期第 33 页）

王

王镛：定海人。上海圣约翰大学毕业，文学学士。

（《定海县志·选举志》第 2 页）

王祖安：又名赓兰，字慰堂，1884 年生，定海景陶乡（今马岙镇）人，王亨彦长子，儿子王艾孙，继子王贞似。1902 年考取定海厅学秀才，1905 年为诸生，开始设私塾教授徒弟。1911 年考入杭州法政学堂，1914 年毕业，同年去世，曾研究自治。撰有《徐仁依庄书事件善后议》。

（王亨彦《锐庐思痛记》第 51 页）

王守锷：字仲廉，1887 年出生，沈家门人。官立师范学堂毕业，1931 年上海法学院专门部法律科毕业。1922 年当选为定海县议会议员。1924 年参与沙头土户地亩事件处置，全资创办沈家门电灯公司。曾任沈家门商会会董，后任会长等职。自愿承当"小小图书馆"法律顾问。1950 年任定海县各界人民代表大会常务委员会副主席。著有《闲情偶记》。1964 年逝世。

（《上海法学院一览》第 105 页，《普陀县志》第 457 页，《浙江近代海洋文明史（民国卷）第二册》第 141 页，《舟山文史资料 第二辑》第 120 页，《定海县志》第 572 页，《中华民国商会联合会会报》1916 年第 9—10 期第 250 页）

王育三：1893 年前后出生，定海白泉人。1919 年赴法国勤工俭学，得到华法教育会、宁波旅沪同乡会的资助。后留学比利时鲁汶大学获得政治社会学博士学位。毕业后曾就职于罗马传信大学，讲授农社组织和农业问题。1927 年在法国南部的尼斯城设"中华商店"，零售兼批发国货，为创办农业合作社积累基金。1934 年回国，筹建"中华农民益友社"，并在杭州七堡等地开展农民合作社事宜。1937 年著有《比国农民合作社》一书，介绍比利时农民合作总社与分社的组织与社章，业主、佃户、自耕农、仆役、合作社等情况。抗战全面爆发后，先后在浙江大学、东南联大等学校任教。抗战胜利后曾担任定海县参议员，并在震旦大学和中华工商专科学校等校任教。

（《定海旅沪同乡会第五届报告》，《申报》1921 年 11 月 15 日，《比国农民合作社》1937 年，《新北辰》1937 年第 3 卷第 9—10 期第 38 页，《留法勤工俭学运动史稿》，《瀛海同舟》，《舟山文史资料 第 1 辑》第 187 页）

王良士：字志卿，定海城关人，1919 年 7 月澄衷中学毕业。后考入苏州东吴大学。

（《澄衷》1921 年 1 期第 97 页、1923 年 4 期第 103 页，《澄衷学校己未级友录》第 85 页，《澄衷校史资料（第一卷）》第 223 页）

王德滋：字公蕃，定海人，王修植长子，弟弟为王德溥、王德深。天津南开学校中学毕业，后毕业于交通大学，任交通部调部干事，曾在北京大学任职。1927 年夏去世，归葬定海。

（《南洋旬刊》1926 年 3 卷 10 期第 10 页，《南洋大学 30 周年纪念校友录》第 50 页、第 191 页，《上海图书馆藏张元济往来信札》）

王德溥：乳名祖荫，定海人。1921 年毕业于燕京大学政治系，后留学美国。1928 年春回国，供职于南京教育部，后转至上海中央造币厂。

（《燕京大学校友会会讯》1935 年第 3 期第 43 页，《上海图书馆藏张元济往来信札》）

王紫绶：字子受，定海人。1911 年南洋公学小学毕业，在上海邮务总局任文案。

（《交通部上海工业专门学校——南洋公学二十周年纪念》第 107 页、第 175 页，《南洋大学 30 周年纪念校友录》第 49 页、第 214 页）

王良珦：字玉卿，1903 年出生，定海城关人。1919 年在澄衷学校中学一年乙级就读。

（《澄衷中学己未四年级学生艺业》第 92 页）

王建言：1903 年生，定海人。曾就读于沪江大学商科系，1925 年毕业，爱好足球。任上海市火柴工业同业公会理事，大中华火柴公司营业主任。

（《沪江年刊》1925 年 10 卷第 78 页，《近代上海甬籍名人实录》第 18 页）

王建言在沪江大学时的介绍

王明琛:字赓飏,定海人。1926 年光华大学学生。

(《光华年刊》1926 年第一期第 355 页)

王明琛学生时代的介绍

王蔼仪：女,定海人。1928 年从燕大女中毕业,同年考入燕京大学,1934 年从燕京大学生物学系毕业,在北平妇稚师范女中任英文数学教员。

（《燕大年刊》1928 年第 119 页,《燕京大学校刊》1928 年第一期第 4 页）

王蔼仪旧照

王天聪：1927 年 3 月生,舟山人。1949 年从中央大学化学系毕业。在上海冶炼厂任高级工程师,专长化学。1992 年合著《难焙金属和稀散金属冶金分析》。

（《上海高级专家名录　第二卷》第 705 页）

王雪琴：1929 年 11 月生,定海人。1944 年毕业于昌国中学,1946 年 7 月起先后在华中建设大学、华东医科大学、第三野战军卫生部化训队学习。1947 年 8 月在化训队入党。1948 年 4 月起历任第三野战军十纵队卫生部队化验员,第十兵团卫生部化验员,十兵团卫生部防疫队化验军医,第九十三医院化验军医,福州军区直属六诊部化验军医、化验科主任。1976 年转业到江苏吴县浒关人民医院（现改为苏州市第七人民医院）任副院长、党支部副书记。1986 年离休,享受县级待遇。

（《舟山人在海内外　第二辑》第 20 页,《天南海北舟中人》）

王永年：笔名王仲年、雷怡、杨绮,1927 年生,定海人。1947 年毕业于上海圣约翰大学英国文学系,文学学士。1959 年起担任新华社西班牙语译审,所译新闻稿以精练、准确著名。他精通英文、俄文、西班牙文、意大利文等多种外语,工作之余曾翻译多种世界文学名著。

(《上海圣约翰大学(1879—1952)》第 499 页,《昌国文博》第 153 页)

王永年
(1927—2012)

王艮奎:1905 年生,定海人。1924 年进入澄衷学校初中一年乙级读书。

(《澄衷》1924 年 7 期第 85 页)

王芹荪:1905 年出生,定海人。1921 年就读于澄衷学校初中二年甲级。1939 年毕业于上海交通大学,1948 年去世。

(《澄衷》1921 年 1 期第 130 页,《交通大学民二八级友录》)

王文璇:1906 年出生,定海人。1921 年就读于澄衷学校初中一年甲级。

(《澄衷》1921 年 1 期第 133 页、1923 年 5 期第 81 页)

王统元:又名通元,1907 年生,定海人。1921 年就读于澄衷学校高等小学三年乙级,1922 年 7 月毕业。曾任大纬印染织造厂经理,中纺纱厂股份有限公司总经理。

(《澄衷》1921 年 1 期第 148 页、1922 年 2 期第 77 页,《近代上海甬籍名人实录》第 20 页)

王家骏:1908 年生,定海人。1923 年成为澄衷学校小学部新生。

(《澄衷》1923 年 4 期第 99 页)

王盛来：1908 年生，定海人。1924 年就读于澄衷学校初中一年甲级。

（《澄衷》1924 年 7 期第 83 页）

王连元：字家源，定海人，1909 年生。1922 年成为澄衷学校插班生，国民科四年丙级毕业。

（《澄衷》1922 年 2 期第 84 页、第 89 页）

王成志：定海人，1927 年上海总商会商业夜校学员。

（《商夜年刊》1927 年 2 期第 142 页）

王觐文：1910 年生，定海人。1921 年就读于澄衷学校国民科三年乙级，1923 年毕业。

（《澄衷》1921 年第 1 期第 177 页、1923 年 5 期第 104 页、第 6 期第 219 页）

王学根：定海沈家门人，1928 年是宁波民强中学初中三年级学生。

（《民强中学校刊》1928 年 6 月第 101 页）

王建瑞：女，定海人，先生夏氏。1935 年级燕京大学文学硕士毕业。1936 年至 1940 年，在上海中西女子中学校任教员，主讲心理学、家政、历史和地理。

（《燕大友声》1936 年第 5 期，《中西女中 1892—1952》第 261 页）

王志康：1911 年生，定海人。1926 年就读于澄衷学校商业科一年级。

（《澄衷》1926 年 11 期第 123 页）

王明达：1912 年生，定海人。1934 年 9 月考入北京税务专科学校特别外勤班。1935 年 1 月毕业，毕业后服务于海关。

（《浙江教育》1936 年 5 期第 152 页）

王楚娥：女，定海人。1945 年在国立社会教育学院教务处任助理员。

（《国立社会教育学院校友录》1945 年第 11 页）

王仁成：1913 年生，定海人。环球中国学生会日校毕业生。1930 年在上海中学校初三春班读书。

（《环球中国学生会周刊》1928 年 7 月 24 日，《上海中学校一览》1930 年第 302 页）

王汉星：1914 年生，定海人。1930 年是浦东中学高一学生。

（《浦东期刊》1930 年 15 期第 195 页）

王珣善：定海人，父亲王奎鸿从商。1932 年在杭州蕙兰中学高中一年级甲班就读。

（《蕙兰》1932 年春季刊第 301 页）

王文成：定海人，1942 年 11 月，考入浙江大学农学院，在龙泉分校就读。

（《国立浙江大学龙泉分校史料》第 205 页）

王永庆：定海人。1935 年就读于之江大学土木系三年级第一学期，从工部局聂中丞中学转入。

（《钱塘江文献集成》第 18 册第 467 页）

王定冠：1919 年生，定海长峙乡人。早年先后就读于舟山中学、浦东中学，从上海沪江大学肄业。后任职于上海茂昌冷藏公司，1948 年被派往香港茂昌冷藏公司。此后历任香港永南有限公司会计主任、总稽核、董事，香港九龙荃湾仁济医院董事局第 13 届总理、顾问，香港大南财务有限公司执行董事等职。1989 年创办香港舟山同乡会，任筹委会副主任。1991 年被推举为香港舟山同乡会名誉会长。

（《宁波帮大词典》第 48 页）

王相穆：1921 年生，定海人。从上海三极无线电学校毕业，曾参加抗日战争。1950 年前往台湾任"情报局"副处长。

（张行周《浮生小记》系列）

王文麟：定海人。1939 年从秀州中学转入华东联中初秋三年级甲级。

（《华东联中期刊》1939 年 1 期第 217 页，《华东季刊》1939 年 1 期第 100 页）

王冠华：定海人。1947 年沪江大学商学院工商管理系毕业。

（《沪江年刊》1947 年第 125 页）

王冠华毕业照

王永昌：1924 年 1 月生，定海人。1952 年上海同德医学院医疗系毕业。在上海市总工会工人疗养院任主任医师，专长呼吸内科。

（《上海高级专家名录 第一卷》第 21 页）

王善根：定海人，父亲王连增。1939 年 8 月由私立上海中学转入上海市复旦大学附属中学初中三年级，成绩记录至初三第二学期。

（《上海复旦中学学生卡成绩表》）

王佳琦：1926 年 8 月生，定海人。1945 年毕业于上海雷士德工业专科学校机械系，1952 年毕业于东吴大学，获学士学位。在上海易初摩托车有限公司任高级工程师、高级顾问，专长机械设计，从事摩托车设计与制造工作。

（《上海高级专家名录 第二卷》第 728 页）

王翼鸣：定海人。由东吴大学附中考入之江大学，1949 年在之江大学沪校工学院建筑工程系读四年级下学期。

（《之江大学同学录》1949 年秋第 1 页）

王霞美：女，1927 年生，定海人。1951 年，私立上海学院会计专修科夜校二年级下半学期在读。

（《私立上海学院 1951 年第二学期学生名录》第 62 页）

王嘉华：定海人。1948 年中华职业教育社普通会员。

（《中华职业教育社讯》1948 年 40 期第 5 页）

王立虎：1928 年 4 月生，定海人。1951 年上海交通大学工学院电机系毕业。毕业后在上海公共交通总公司任高级工程师、总工程师，专长城市公共交通。

（《上海高级专家名录 第四卷》第 184 页）

王乃旺：定海盐仓晓峰岭下王家人。1948 年 19 岁定海中学初中毕业，进入上海浦东金家桥市立陆行中学读书。

（定海县立中学 1948 级级友会《正风刊》第 22 页）

王正翰：定海沈家门人。1947 年就读于浙东中学高秋一年级。

（《浙东校刊》1947 年 4 期第 28 页、第 74 页）

王祖贻：定海人。1949 年在鄞县三一初中秋始一年级就读。

（鄞县《三一校刊》1949 年第 7 期第 37 页、第 8 期）

王存良：定海人。1947 年在鄞县三一初中春始一年级乙组就读。

（鄞县《三一校刊》1947 年第 2 期）

王如祥：定海沈家门人。1949 年在鄞县三一初中春始一年级就读。

（鄞县《三一校刊》1949 年第 8 期）

王其升：沈家门人。1949 年在鄞县三一初中秋始一年级就读。

（鄞县《三一校刊》1949 年第 7 期第 39 页）

王崇贤：1932 年 9 月生，定海人。1947 年至 1951 年师从上海知名老中医——杨浦区平凉医院余泰峰。在上海东海中医医院任副主任中医师，专长中医眼科，从事眼眶病、针拨白内障和眼底病研究。

（《上海高级专家名录 第一卷》第 257 页）

王佩婵：女，定海人。1946 年在上海私立三育中小学校小学部一年级乙组就读。

（《私立三育中小学校同学录》1946 年冬第 65 页）

王光卫：定海人。1946 年在上海私立三育中小学校小学部一年级乙组就读。

（《私立三育中小学校同学录》1946 年冬第 66 页）

支根尧：定海沈家门人。1947 年就读于鄞县县立临时联合中学初春一年级。

（《鄞中学生》1947 年 2 期第 152 页）

毛凤仔：1931 年生，衢山岛斗人，毛起的二儿子，妻子为李筱菊。1949 年上半年在震旦大学附中高中读书，发表《物理实验》一文。1949 年 9 月被燕京大学理学院录取。毕业后担任广州外国语学院教授，1978 年 3 月被教育部外事局确定为全国留学生外语考核小组成员。1988 年所著的《法语从句》和《法语教学》由外语教育与研究出版社出版。2007 年与唐祖论联手译校法国安德烈·纪德著的《新粮》一书。

（《震高新闻》1949 年第 2 期第 6 页）

毛文治：定海岱山人。1947 年就读于浙东中学初秋一年级乙组。

（《浙东校刊》1947 年 4 期第 32 页）

仇建善：字楚材，定海人。1926 年是上海交通大学学生，就职于胶海关。

（《南洋旬刊》1926 年 2 卷 4 期第 9 页）

仇德惠：定海沈家门人。1949 年在鄞县三一初中秋始一年级就读。
（鄞县《三一校刊》1949 年第 7 期第 38 页）

方

方尔俊：字达千，定海书院弄人。1908 年从交通部上海工业专门学校（原名南洋公学）高等预科毕业。在定海县立师范讲习所任教员兼城区议员，后经商。

（《交通部上海工业专门学校——南洋公学二十周年纪念》第 110 页，《南洋大学 30 周年纪念校友录》第 45 页、第 205 页）

方友中：1907 年生，定海人。1930 年 9 月考入北京辅仁大学文学院西洋语言文学系，1935 年 6 月毕业。

（《北京辅仁大学校史 1925—1952 年》第 787 页，《浙江教育》1936 年第 5 期第 150 页，《辅仁大学毕业同学录》1943 年第 8 页）

方宪华：1908 年生，定海金塘人。1921 年在澄衷学校初中一年乙级就读。

（《澄衷》1921 年 1 期第 135 页）

方培茵：小名榴宝，又名培英，女，1909 年 6 月生，定海城北白露岙人，丈夫是无锡人胡山源。方培茵爱好昆曲，毕业于苏州乐群女子中学，毕业后在上海徐汇中学和音乐学院附中任教。1942 年 8 月同丈夫一起在上海愚园路开办集英中小学，并任校长。又在定海北郊白露岙创办私立义桥小学。著作有短篇小说集《诞生》。

（《现代文学家胡山源》第 82 页，《上海文献汇编经济卷·上海工商名录》第 30 页、第 163 页，《群岛述旧》第 97 页，《申报》1942 年 8 月 19 日，《叙旧忆往说定海》第 110 页）

方才英：定海人。1935 年任天津南开大学商学院助教。

（《南开大学校民二四年班毕业纪念册》1935 年第 65 页、第 157 页）

方连陞：1915 年生，定海人。1926 年 11 岁入澄衷学校初小三年乙级就读。

（《澄衷》1926 年 11 期第 136 页）

方贤伦：定海人。1935 年成为敬业附小初级 61 届毕业生。

（《敬业附小周刊》1935 年 58—59 期第 34 页）

方文华：定海人。由南通中学转入沪江大学，1945 年沪江大学工商管理系毕业，商学学士。

（《沪江年刊》1945 年第 49 页）

方文华毕业照

方庆华：1933 年 7 月生，定海人。1951 年从上海复旦中学高中毕业。在上海人民广播电台任主任编辑，理论科科长，专长理论宣传。

（《上海高级专家名录 第四卷》第 356 页）

方显棠：定海岱山人。1947年就读于浙东中学初春一年级。

（《浙东校刊》1947年4期第31页、第78页）

方艳华：1939年11月生，定海人。1953年江苏省戏曲学校毕业。上海青艺滑稽剧团二级演员，专长滑稽戏。

（《上海高级专家名录 第一卷》第312页）

计

计宗龙：1946年从英士大学法学院司法组毕业，就职于定海地方法院。

（《国立英士大学校刊》1947年11期第4页）

水

水康民：定海人，父亲水紫纶从事邮政行业。1932年就读于杭州蕙兰中学初中二年甲班。

（《蕙兰》1932年春季刊第313页）

水复民：定海人，父亲水紫纶。1932年就读于杭州蕙兰中学初中二年甲班。

（《蕙兰》1932年春季刊第313页）

水守民：1919年12月生，定海人。1937年就读于杭州蕙兰中学初中秋始三年级。1939年1月由杭州蕙兰中学转学至华东联中高秋二年级甲班。1948年南京中央大学电机工程系毕业。在上海市机床研究所任高级工程师，专长精密机床电气控制技术。

（《蕙兰》1937年第301页，《华东联中期刊》1939年1期第209页，《华东季刊》1939年1期第107页，《上海高级专家名录 第二卷》第258页）

水忠民:定海人。1938 年就读于杭州蕙兰中学转学至华东联中初秋二年级甲班,1940 年 6 月民三二年级初中毕业。

(《华东联中季刊》1939 年 1 期第 100 页、第 101 页、第 217 页,《华东联中季刊》1940 年 2 期第 62 页,《华东联中期刊》1940 年 6 期第 62 页、第 87 页)

水忠民初中时的照片

厉于雷:定海人,厉树雄的儿子。1941 年留学美国,毕业于加利福尼亚大学农科系,并辅修兽医系。毕业后回国,同年 12 月因日军入侵香港遇难。

(《半世纪的回忆录——瀹洲厉树雄自传》)

厉承根:定海人。1943 年毕业于武汉大学土木系。

(《国立武汉大学校友会校友录》1944 年第 87 页)

石

石贤理：字达峰，1901 年生，定海小余桥北人。1919 年就读于澄衷学校中学二年甲级。

（《澄衷中学己未四年级学生艺业》第 88 页）

石仲信：1928 年生，定海人。1951 年在私立上海学院会计专修科日校二年级下半学期就读。

（《私立上海学院 1951 年第二学期学生名录》第 47 页）

卢

卢友诚：字有成，定海北门桑园弄口人。1915 年是复旦公学浙江同学会会员。

（《复旦公学浙江同学会学生杂志》1915 年第一期第 126 页）

叶

叶赓祥：1916 年生，定海人。1926 年就读于澄衷学校初小三年丙级。

（《澄衷》1926 年 11 期第 138 页）

叶赓庆：1917 年生，舟山人。1926 年就读于澄衷学校初小一年级。

（《澄衷》1926 年 11 期第 142 页）

叶才宝：1921 年 10 月生，定海人。1937 年毕业于舟山中学，留校工作一年后迁居上海，先后在上海市德道小学、震寰小学任教员。曾在上海英达染织厂、中国手帕织造厂任职员、厂长。1950 年叶才宝创办亚洲织造厂，任经理。1956 年亚洲织造厂改为公私合营并改名为国营上海手帕四厂,委任其为副厂长。1958年起,先后至长宁区工商联担任副主任秘书、秘书长、副主任委员、副会长,上海市长宁区商会副会长,上海市长宁区工商联经济开发公司副总经理。先后被选为上海市长宁区第四、五、六届人大代表,长宁区第六、七、八届政协委员,上海市工商业联合会第八届执行委员,全国工商联合第七届代表。

(《天南海北舟中人》,《舟山人在海内外 第一辑》第20页)

叶子鹤:定海六横滚龙岙人。1947年时24岁,在奉化中学任教职员。

(《奉化中学师生通讯录》1947年第3页)

史

史尚志:定海人,1908年生。1921年就读于澄衷学校高等小学一年乙级。

(《澄衷》1921年1期第162页)

史瑞英:定海涨起港史宇房人。1947年就读于鄞县三一高中春始一年级,1949年读三年级。

(鄞县《三一校刊》1947年第4期第25页、1947年第5期第33页,1949年第7期第32页、1949年第8期第27页)

史慧芳:女,1933年8月生,定海人。1952年从上海第一师范学校毕业。在静安区上海第一师范学校附属小学任高级教师,专长小学语文教学。

(《上海高级专家名录 第一卷》第532页)

白

白贤熙:1907年生,定海城关人。1921年就读澄衷学校高等小学二年乙级。1923年小学七年级甲级毕业,同年进入商业科二年级甲级就读。1926 年商业科毕业。

（《澄衷》1921 年 1 期第 152 页、1923 年 5 期第 87 页,《澄衷校史资料（第一卷）》第 224 页）

包

包志锵：字佩玉,定海城关人。1930 年在浙江省立水产科职业学校任教职员。1946 年被大沙乡推选为定海县参议员。

（《浙江省立水产科职业学校校刊》1929 年第 329 页,《舟山文史资料 第 1 辑》第 185 页）

包家樵：1907 年生,定海人。1921 年就读于澄衷学校高等小学一年乙级。

（《澄衷》1921 年 1 期第 162 页）

包升仁：1929 年 10 月生,定海人,中共党员。就读于上海清心中学高中。1950 年毕业于上海沪江大学工商管理系。喜欢京剧、京胡,武生票友。1947 年在中棉织厂任监察,后为上海华生电器总厂副厂长、总会计师。有高级会计师职称,发表过多篇学术论文。退休后被中外合资企业东方商厦聘为总会计师。

（《沪江大家庭 1906—1991》第 46 页,《上海制造厂商概览》1947 年第 37 页,《中国大中型工业企业 机械工业 卷 4》第 247 页,《上海高级专家名录 第二卷》第 628 页）

包启云：1930 年 4 月生,舟山人。1946 年毕业于上海高级机械职业学校机械科。曾任上海宝山钢铁总厂高级工程师,专长热轧钢板带生产,从事专业技术咨询。

（《上海高级专家名录 第二卷》第 740 页）

包志耀：定海沈家门东横塘新新二里人。1947 年就读于鄞县三一高中秋始一年级,1949 年读三年级。

（鄞县《三一校刊》1947 年第 5 期第 34 页、1949 年第 7 期第 33 页》）

包五哉：定海人。1947 年就读于鄞县三一初中秋始二年级。

（鄞县《三一校刊》1947 年第 4 期第 29 页）

包思贤：定海人。1947 年就读于浙东中学初秋一年级乙组。

（《浙东校刊》1947 年 4 期第 33 页）

包斯文：定海人。1947 年 1 月就读于宁波效实中学初中春始二年级。

（《效实学生》1947 年复刊号第 179 页）

乐

乐俊荣：定海人。1928 年毕业于沪江大学，商科学士，喜欢足球篮球。1937 年担任浙江省立杭州高级中学英文教员。

（《沪江年刊》1928 年第 122 页，《浙江省立杭州高级中学校友录》1937 年第 85 页）

乐俊荣毕业照

乐俊秀：1908 年生，定海人。1921 年就读于澄衷学校国民科四年甲级。

（《澄衷》1921 年 1 期第 167 页）

乐茂生：1931 年 3 月生，定海人。1952 年上海大同大学电机系毕业。曾任上海电器科学研究所高级工程师、总工程师，专长电器自动控制及电子测量。1987 年参加同异步电机定子绕组热电的快速测定方法获国家发明三等奖。

（《上海高级专家名录 第二卷》第 313 页）

乐皓峻：定海人。1949 年就读于鄞县三一高中秋始二年级。

（鄞县《三一校刊》1949 年第 7 期第 32 页）

乐吉芬：女，定海人。1949 年就读于鄞县三一初中秋始一年级。

（鄞县《三一校刊》1949 年第 7 期第 39 页）

乐汉昌：定海城关和昌弄人。1948 年前往台湾读书，后担任台湾"中正国民中学"电脑老师。

（《定海名门》第 332 页）

冯

冯培德：字树滋，定海人。1929 年曾任浙江省立水产科职业学校教职员。1946 年被岛计乡推选为定海县参议员。

（《浙江省立水产科职业学校校刊》第 328 页，《舟山文史资料 第 1 辑》第 185 页）

冯树坤：定海人。1948 年震旦大学法学院法律系 30 届毕业生，曾任上海高等法院书记官。

（《震旦校友》1948 年第 1 期第 9 页、第 11 页）

冯贤昭：1931 年生，定海沈家门观碶头冯家人，中共党员，副教授。1948 年从定海中学初中毕业，进入青岛高中就读。1949 年进入解放军华东军政大学学习，不久转入大连工学院电机工程系。1952 年调至东北局党校理论研究班学习，1955 年毕业，分配在吉林工业大学任教。1980 年调任杭州师范学院政史系主任、图书馆馆长、台湾研究所所长。

参与马克思主义哲学专业教材的编写,发表论文 20 余篇。

（定海县立中学 1948 级级友会《正风刊》第 23 页,《舟山人在海内外 第二辑》第 27 页）

冯德耀:1934 年 10 月生,定海人。1950 年从上海格致中学高中毕业。曾任上海电影制片厂一级录音师,专长电影录音及音响。1985 年因影片《雷雨》《大泽犬蚊》《子夜》获金鸡奖最佳录音奖。著有多篇论文。

（《上海高级专家名录 第四卷》第 367 页）

戎

戎立卿:定海金塘人。1933 年就读于澄衷学校春始中学一年级。

（《澄衷半年刊》1933 年 10 期第 62 页）

戎承祀:定海金塘人。1933 年就读于澄衷学校春始中学一年级。

（《澄衷半年刊》1933 年 10 期第 63 页）

戎秀贞:女,定海金塘柳行人。1947 年就读于鄞县三一初中春始一年级乙组。

（鄞县《三一校刊》1947 年第 4 期第 30 页）

戎有本:定海沈家门人。1947 年就读于浙东中学初春一年级。

（《浙东校刊》1947 年 4 期第 31 页、第 79 页）

戎顺鲁:定海金塘柳行人。1947 年就读于鄞县三一中学秋始一年级,1949 年就读于鄞县三一中学秋始三年级。

（《鄞县三一校刊》1947 年第 5 期第 34 页、1949 年第七期、1949 年第八期）

戎顺和:定海金塘大象地人。1949 年就读于鄞县三一初中秋始一年级。

（鄞县《三一校刊》1949 年第 7 期第 38 页）

戎顺康:定海沥港人。1947 年就读于浙东中学初秋三年级。

（《浙东校刊》1947年4期第28页、第75页）

吕

吕时新：定海人。镇海中学毕业，上海某大学肄业。受聘某兵工厂任工程师。曾发明家庭日用品经济油炉。

（《宁波旅沪同乡会月刊》1934年2月第127期）

吕忠奎：字建仁，定海人。1934年是光华大学附中的学生，1935年毕业。

（《光华大学四明同学会特刊》1934年第30页）

朱

朱子奎：字鸿藻，1882年生，定海人，朱葆三长子。圣约翰大学毕业，精通日语。曾任三井银行经理，中国通商银行董事兼沪行经理，华兴保险公司、华安水火保险公司、中华商业储蓄银行、上海内地自来水公司、国华煤球厂董事，华安合群保险公司监察人，上海制造绢丝株式会社经营主，中国救济妇孺总会会长。

（《近代上海甬籍名人实录》第70页）

朱璆：字玉声，定海人。1925年毕业于上海中国公学第四届乙丑级。

（《中国季刊》1925年第1期第163页）

朱如卿：1909年生，定海人。1926年就读于澄衷学校专修科，1927年初中毕业。

（《澄衷》1926年11期第109页，《澄衷校史资料（第一卷）》第225页）

朱亦昭：字祥萱，1910年生，定海人。1921年就读于澄衷学校国民科四年乙级，1922年毕业。

（《澄衷》1921年1期第169页、1922年2期第82页）

朱松龄：1911 年生，定海人。1942 年上海圣约翰大学物理学理学硕士毕业。历任上海宁绍、华安、保安保险公司营业部经理，圣约翰大学助教，美国台尔模电讯器材厂工程师。1948 年在上海创设三英电业厂，任厂长，主要生产电解铜。1956 年公私合营后，任三英电业厂私方厂长，负责技术业务。经过多年探索，试制出多种型号铜箔，为开创中国电子铜箔生产和发展无线电子工业，做出了很大贡献。1985 年于上海病逝。

（《舟山历史名人谱》第 199 页,《上海圣约翰大学（1879—1952）》第 476 页,《昌国文博》第 154 页）

朱海鑫：字民九,定海人。1929 年毕业于浙江省立水产科职业学校渔务职工科一年级。

（《浙江省立水产科职业学校校刊》1929 年第 333 页）

朱大成：1912 年生,定海人。1930 年就读于上海中学校初二秋班。

（《上海中学校一览》1930 年第 302 页）

朱宗德：1914 年生,定海人。1924 年就读于澄衷学校小学一年级。1926 年小学三年级甲级在读。

（《澄衷》1924 年 7 期第 107 页、1926 年 11 期第 135 页）

朱祥祚：定海人。1931 年交通大学铁道管理科毕业,理学学士。

（《交大年刊》1931 年第 69 页）

朱祥祚毕业照片

朱良兴：定海人。1937年就读于省立杭州初级中学二年级。

（《浙江省立杭州初级中学学友录校友录》1937年第17页）

朱安昌：定海人。1947年南通学院纺织系毕业，获纺织工程学士学位。

（《杼声》1947年4月期第238页）

朱君安昌，定海籍，先祖乃常地名种。君厚重勤劳；待人和气，性好动而善饮，更喜客，故全级同学均愿与之交。近闻朱君吉期将近，谅必忙於准备矣。

——无 名

朱 安 昌
纺织工程学士

朱安昌毕业照片

朱祥营：定海人。1949年就读于上海法政学院经济专业二年级。

（《法政学院三十八年级毕业纪念刊》第64页）

朱仁康：1928年1月生，定海人。1949年5月毕业于上海圣约翰大学经济系，文学学士。曾任上海冶炼厂高级工程师，专长经济。1985年被总公司评为先进工作者。

（《上海圣约翰大学（1879—1952）》第509页，《上海高级专家名录第二卷》第706页）

朱小林：又名小琳，1930年12月生，定海人。1951年毕业于上海交通大学土木工程系。1956年从长春地质学院地质系毕业。曾任同济大学教授，专长工程地质、岩石工程。有论文《软土地区打入桩轴向受荷的分析研究》《孔压静力触探及其应用》等30余篇。

（《上海高级专家名录 第三卷》第515页，《舟山人在海内外 第一辑》第65页）

朱秀娟：女,定海人。1947年18岁就读于鄞县三一高中春始一年级乙组。

（鄞县《三一校刊》1947年第4期第23页》）

朱雍权：定海人。1948年从定海中学初中毕业,考入上海虹口中正中学高中部就读。

（定海县立中学1948级级友会《正风刊》第22页）

朱仁贻：1933年7月生,定海人。1951年上海青年会中学毕业。1955年华东化工学院硅酸盐系毕业。曾在上海市建材科技情报研究所任高级工程师、副所长,专长玻璃纤维,从事建材与情报工作。发表多篇论文,1978年因《玻璃纤维方格布研制和设备定型》获全国科技大会奖。

（《青年会中学1951级毕业纪念刊》第29页,《上海高级专家名录第四卷》第265页）

朱庚午：女,定海人。1947年15岁就读于鄞县三一初中春始一年级乙组。

（鄞县《三一校刊》1947年第2期第69页）

朱己芬：女,定海人。1948年上海三林中学校初中毕业。喜欢写作、唱歌。

（《上海三林中学校三七级毕业纪念刊》第81页、第97页）

朱己芬简介及照片

　　朱其梅：1932年12月生，舟山人，后改名为朱骐梅。毕业于上海私立东南中学。1948年9月就读于复旦大学高中一年级。1953年上海电业学校机械专业毕业。九十年代在上海电力设计院任高级工程师，专长电业锅炉，从事火力发电设计。

　　（《朱其梅学生成绩表》，《上海高级专家名录　第二卷》第26页）

朱其梅旧照

　　朱裕栋：定海人。1949年就读于鄞县三一高中春始一年级。

　　（鄞县《三一校刊》1949年第8期第30页）

　　朱德贤：男，定海人。1947年就读于鄞县三一中学初中春始二年级，1949年在鄞县三一中学读春始高中一年级。

　　（鄞县《三一校刊》1947年第4期第30页，1949年第8期第29页）

　　朱兴明：定海人。1949年杭州树范中学（现杭州九中）初中毕业。

　　（《杭州树范中学校友录》1951年第28页）

伍

　　伍维佩：1905年生，定海人。1921年就读于澄衷学校初中二年乙级。

（《澄衷》1921 年 1 期第 131 页）

任

任新瑞：定海人。1948 年定海中学初中毕业，后考入奉化县立中学。
（定海县立中学 1948 级级友会《正风刊》第 23 页）

任树人：定海人，1933 年 1 月生，父亲任耕莘，从事海关工作。毕业于上海市延平路小学，1945 年 2 月考入上海晋元中学，1947 年 6 月自动退学。

（《上海晋元中学学籍卡》）

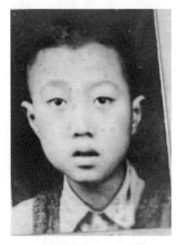

任树人学籍卡上的照片

邬

邬德雄：字宣道，定海人。24 岁考入复旦大学会计学系，1932 年秋季毕业。

（《复旦大学同学录》1932 年第 1140 页）

邬德桢：1906年生，定海人。1921年就读于澄衷学校商业科二年级。1925年旧制商业科四年级毕业。

（《澄衷》1921年1期第139页、1925年8期第98页，《澄衷校史资料（第一卷）》第224页）

邬福肇：1929年生，定海人，上海出生，祖籍奉化西坞。1948年7月加入中国共产党。1949年任中共北平市委学校工委组织干事。1951年从清华大学政治系毕业。毕业后任共青团上海市工委调查研究室干事、共青团华东工委青年工作部干事。1953年起先后任上海市中兴轮船公司计划科业务计划组组长、交通部海河总局远洋运输处科员、中波轮船公司波兰分公司调度组组长、中波轮船公司天津总公司调度组组长、上海总公司调度组组长、波兰分公司航运处处长、上海总公司航运处处长。1980年任中波轮船总公司副总经理、波兰分公司经理。1983年任上海市人民政府交通办公室主任。1985年任全国人大常委会法制工作委员会副主任，第八届全国人大代表。2000年7月逝世。

（《中国绿色时报》1998年6月8日，《西坞街道志》第689页，《人民日报》2000年7月21日）

庄

庄家骥：定海沈家门人。1935年是上海中医学院一年级学生。

（《上海中医学院年刊》1936年第281页）

庄斯表：定海人，家族从事手工业。1951年就读于上海美术专科学校工商美术科（五年制）三年乙组。

（《恰同学少年（下）：上海美术专科学校档案史料丛编》第480页）

庄宗穆：定海沈家门人。1949年就读于鄞县三一中学高一春始班。

（鄞县《三一校刊》1947年第4期第28页，1949年第7期第32页）

庄信法：定海沈家门人。1949年14岁就读于鄞县三一中学春始一年级。

（鄞县《三一校刊》1949年第8期第36页）

刘

刘咸熙:1907 年生,定海人。1921 年就读于澄衷学校高等小学二年乙级。1923 年小学七年甲级毕业,同年进入商业科二年甲级就读。

(《澄衷》1921 年 1 期第 155 页、1923 年 41 期第 85 页、1923 年 5 期第 87 页)

刘承祺:1908 年生,定海沈家门人。1928 年是宁波民强中学初中四年级学生。1930 年在光华附中高三文科班就读。

(《民强中学校刊》1928 年 6 月第 100 页,《光华年刊》1930 年第 5 期第 182 页)

刘清洪:1900 年生,定海城关人,刘鸿生堂弟,由刘鸿生抚养长大并资助其学业。毕业于上海圣约翰高级中学,受资助赴日本留学,1926 年 5 月自费入学庆应义塾大学经济部第三学年,27 岁转读东京铁路局教习所业务科第二学年。1935 年从事翻译工作。曾在中华火柴公司工作,任上海水泥股份有限公司龙华厂主管,1948 年任中国企业银行常务监察人。1958 年发表《中国文化影响于日本经济思想之考察》一文。

(高桥君平《留日学生名簿》第 59 页、第 100 页,《上海水泥厂 70 年》第 36 页,《上海工商人名录》1936 年,《实业家刘鸿生传略》第 84 页,《财政经济 工矿业 2》第 349 页,《中日文化论集:续编一》第 237 页)

刘念祖:定海城关人,刘鸿生侄子,刘念智堂哥。1927 年圣约翰附属中学毕业。曾任上海义泰兴码头公司经理。1931 年任中国企业银行监察人,后为中华码头公司业务帮管,码头经理霍金斯助手。

(《圣约翰附属中小学回忆集》第 204 页,《出入于中西之间:近代上海买办社会生活》第 95 页)

刘行方:定海人。曾就读于东吴二中,1936 年 6 月成为中国医学院第七届毕业生。

(《中国医学院毕业纪念刊》1936 年第 719 页)

刘行方毕业照片

刘　鑫：1911 年生，岱山高亭人。1930 年在浦东中学读高三。

（《浦东期刊》1930 年 15 期第 226 页）

刘顺昌：1914 年生，定海人。1930 年在浦东中学读初一。

（《浦东期刊》1930 年 15 期第 225 页）

刘明珠：定海人，刘鸿生长女。原在上海读书，1932 年 1 月转入定海女子中学，1932 年 8 月回到上海爱国女中读书。曾留学美国，学习家政。

（《20 世纪上海文史资料文库第三辑工业交通》第 61 页，《图画时报》1934 年 2 月 25 日）

刘明珍：定海人，出生于上海，刘鸿生次女，丈夫李家璇。刘明珍曾留学英国，攻读牛津大学家政专业。毕业后回国，曾在复旦大学工作，1950 年调至南京解放军外国语学院，从事图书馆管理工作。1969 年下放到安徽巢湖县劳动，1975 年调回南京。1985 年前后移居到上海静安区。

（《郭伯农："枕流漱石"的世外桃源，也是兼容并蓄的文明交汇地》，《钟山风雨》2004 年第 6 期第 27 页）

刘德麟：定海人，生于上海，刘吉生长子，妻子席与明，育有一子刘作安和两个女儿。曾在美国留学，1947 年 12 月在上海天元麻毛棉纺织厂任财务部经理。后到香港工作,约 1950 年迁居加拿大蒙特利尔市,从事保险业。

　　(《上海滩名门闺秀 2》第 39 页,《上海望族》第 153 页)

刘德麟与妻子席与明合照

　　刘莲莲:1917 年生,定海人,生于上海,刘吉生长女,先生是著名网球手余田光。1931 年就读于上海中西女子中学校,1935 年高中肄业。1936 年赴美国留学。

　　(《墨梯》1931 年第 118 页,《中西女中 1892—1952》第 247 页,《上海洋房》2010 年第 14 页,《家庭周刊》1936 年第 109 期乙种封一)

刘莲莲与丈夫余田光合影

刘莲芝:1918年生,定海人,生于上海,刘吉生次女。1933年上海中西女子中学校初中毕业,为排球队员。1935年上海培成中学高中毕业,校内别号"嫂嫂",曾为毕业纪念刊作序。后赴美国留学。

(《墨梯》1933年第182页,《培成女学校级刊》1935年第3页、第16页、第121页)

刘莲芝旧照

刘莲芬:1919年生,定海人,生于上海,刘吉生三女。1933年担任上海中西女子中学初中学生自治会会长。1936年从上海中西女子中学校高中肄业,赴美国留学。

(《墨梯》1933年第155页,《中西女中 1892—1952》第247页)

刘莲芳:英文名 Lena L. Yung,1920年生,定海人,生于上海,刘吉生四女,先生为无锡荣德生五子荣研生。上海中西女子中学校肄业,后赴美国留学。1949年随丈夫赴泰国筹设纱厂,1950年迁居美国。2012年去世。

(《荣氏宗谱》卷四第238页,《上海望族》第153页,《荣德生文论存稿类选》第111页,《现代生活》1933年第10期封面,《中国望族旗袍宝鉴》第103页)

刘莲芳
(1920—2012)

刘莲华:英文名 Riochiang,1930 年生,定海人,生于上海,刘吉生五女。上海中西女子中学附小毕业,中学就读于上海教会中学。1948 年留学美国新泽西州立大学。后在美国结婚。专长旗袍设计。

（《中国望族旗袍宝鉴》第 112 页,《109 个春天》第 271 页）

刘莲华旧照
(1930—　　)

刘配和:1928 年生,定海人。1947 年就读于鄞县三一中学高中春始二年级。

（鄞县《三一校刊》1947 年第 4 期第 21 页）

刘明球：1928 年生，定海人，出生于上海，刘鸿生三女，丈夫张钦栻。1931 年在定海女中读书。1948 年震旦女子大学毕业，考入美国波士顿加兰(Garlanf)学院，学习营养学。1951 年回国，曾任海军总医院营养师。1976 年移居美国。

（《舟山晚报》2010 年 9 月 14 日，《刘鸿生日常生活与他的事业》，《归来，二十世纪五十年代北美留学生名录》第 173 页）

83 岁的刘明球女士(前排右二)

刘念良：定海人，刘鸿生第十一子，母亲何冠英，妻子王惠玲。从事体育事业。

（《刘鸿生日常生活与他的事业》）

刘传彬：1930 年 9 月生，舟山人。1949 年上海大公职业学校机械科毕业。曾任上海电池厂高级工程师，专长机械设计和制造、冷挤压。

（《上海高级专家名录 第二卷》第 571 页）

刘云鹤：1934 年 3 月生，定海人。1953 年汉口军需学校营房管理专业毕业。曾任上海市房产管理局副教授、副总工程师，专长房产管理维修、民用建筑设计与施工。

（《上海高级专家名录 第四卷》第 177 页）

刘传良：定海人。1947 年就读于浙东中学初秋一年级丙组。

（《浙东校刊》1947 年 4 期第 35 页、第 80 页）

刘镇康：定海人。1947 年就读于浙东中学初秋一年级乙组。

（《浙东校刊》1947 年 4 期第 33 页）

刘承绪：定海人。1949 年就读于鄞县三一中学初中秋始一年级。

（鄞县《三一校刊》1949 年第 7 期第 38 页）

江

江礼周：1905 年生，定海人。1921 年就读于澄衷学校高等小学三年乙级。

（《澄衷》1921 年 1 期第 149 页）

江礼建：定海人。1929 年就读于浙江省立水产科职业学校渔捞正科一年级。

（《浙江省立水产科职业学校校刊》第 332 页）

江玲娥：女，1922 年生，定海沈家门人。1947 年就读于鄞县三一中学初中春始一年级乙组。

（鄞县《三一校刊》1947 年第 2 期第 69 页）

汤

汤德年：字乙孙，岱山东沙汤氏孟一房人，是汤澹的长孙，汤诰的长子，妻子是於芸芳。四明中学高中毕业，在宁波地方银行工作。

（《汤浚史集》第 73 页）

汤德年旧照

安

安朝曙： 1929 年 2 月生，定海人。1953 年重庆建筑工程学院工程测量系毕业。曾任上海中国船舶工业总公司勘察研究院高级工程师、副总工程师，专长工程测量。

（《上海高级专家名录 第四卷》第 130 页）

许

许兰亭： 字自奋，定海人。1917 年就读于南洋公学中学四年级甲班。

（《交通部上海工业专门学校——南洋公学二十周年纪念》第 66 页，《南洋大学三十周年纪念》第 117 页）

许慎堡： 1905 年出生，定海人。定海私塾出身，上海英华书馆肄业。17 岁在老顺记五金号当学徒，后任职于正记五金号，升任副经理，兼任上海五金同业公会常务理事。

（《近代上海甬籍名人实录》第 95 页）

　　许凤天:1905 年生,定海人。1921 年就读于澄衷学校高等小学三年甲级,1922 年 7 月毕业。

　　(《澄衷》1921 年 1 期第 146 页、1922 年 2 期第 75 页)

　　许凤洲:定海人。1921 年就读于澄衷学校高等小学三年乙级,1922 年 7 月毕业。

　　(《澄衷》1921 年 1 期第 146 页、1922 年 2 期第 74 页)

　　许廷爵:定海人。1921 年就读于澄衷学校国民科三年乙级。

　　(《澄衷》1921 年 1 期第 179 页)

　　许昌年:定海人。1924 年就读于澄衷学校小学二年甲级,1926 年小学四年甲级在读。

　　(《澄衷》1924 年 7 期第 104 页、1926 年 11 期第 131 页)

　　许士樑:定海城关人。1926 年是上海市北公学初三学生。

　　(《市北月刊》1926 年 3 期第 47 页)

　　许锡麟:定海人,父亲许良灏。1934 年秋由南洋中学转入复旦大学中学部读初中三年级。

　　(《南洋中学成绩表》)

　　许志成:1924 年生,定海人。1939 年杭州蕙兰中学转华东联中初秋二甲,1940 年 9 月民三二年级初中毕业。

许志成旧照

《华东联中期刊》1939 年 1 期第 217 页、1940 年 6 期第 62 页,《华东联中季刊》1939 年 1 期第 100 页)

许志刚:定海人,许廷佐的孙子。1939 年由秀州中学转读华东联中初秋一年级甲级。

（《华东联中季刊》1939 年 1 期第 98 页,张原炜《蒴里剩稿·许君廷佐行状》）

许振显:1930 年 7 月生,定海人。1953 年上海沪江大学工业管理系毕业。曾任上海石棉制品厂高级工程师、副总工程师,专长石棉制品制造技术,从事石棉制品工艺工作。

（《上海高级专家名录 第二卷》第 271 页）

许维佑:定海人。1946 年在上海私立三育中小学校小学部五年级乙组就读。

（《私立三育中小学校同学录》1946 年冬第 34 页）

许维佐:定海人。1946 年在上海私立三育中小学校小学部一年级甲组就读。

（《私立三育中小学校同学录》1946 年冬第 63 页）

阮

阮茂祥:1911 年生,定海人。1927 年是上海总商会商业夜校学员。
（《商夜年刊》1927 年 2 期第 144 页）

阮志凌:定海人。1926 年就读于澄衷学校高小一年乙级。
（《澄衷》1926 年 11 期第 129 页）

阮宝华:定海人。1924 年就读于澄衷学校小学一年级,1926 年小学三年甲级在读。

（《澄衷》1924 年 7 期第 106 页、1926 年 11 期第 135 页）

阮宣夷：女,1934 年生,定海高亭镇人。1947 年就读于鄞县三一中学初中秋始一年级乙组,1949 年读初三。

（鄞县《三一校刊》1947 年第 4 期第 34 页,1949 年第 8 期第 31 页）

孙

孙　谋：1909 年生,定海人。1923 年就读于澄衷学校小学部五年级乙级。1927 年是上海总商会商业夜校学员。

（《澄衷》1923 年 4 期第 100 页,《商夜年刊》1927 年第 2 期第 141 页）

孙元音：1911 年生,定海人。1926 年就读于澄衷学校高小二年甲级。

（《澄衷》1926 年 11 期第 124 页）

孙中栋：1925 年 6 月生,定海人。1948 年上海大同大学电机工程系毕业。曾任上海供电职工中学专业学校高级工程师,专长变配电。

（《上海高级专家名录　第二卷》第 28 页）

孙　明：原名锦明,1926 年生,岱山东沙镇人,妻子林雪梅,中共党员。四十年代初在昌国中学(舟山中学)就读。1943 年曾先后在中小学任教。1947 年肄业于上海诚明学院英语专业。1949 年至 1959 年历任宁波地区文教处工作人员、定海县文教科科员、岱山县文教科副科长、岱山中学副校长等职。1959 年起先后任舟山县、舟山地区文教局副局长。1972 年,调任舟山师范学校副校长,后任舟山师范专科学校副校长、校长等职。1983 年,被评为省"五讲四美、为人师表优秀教育工作者"。1985 年被评为省"优秀党员"。1988 年离休。

（《天南海北舟中人》）

孙延年：1930 年 2 月生,定海人。1953 年上海交通大学机械制造系毕业。曾任上海化工研究院高级工程师、副总工程师,专长化工机械,从事化工设备工作。

（《上海高级专家名录　第二卷》第 77 页）

孙嘉鸿：1930 年生，定海人。1948 年就读于上海中学校高中理科三年级乙班。

（《上海中学校复校第三届毕业纪念刊》1948 年第 100 页、第 217 页）

孙嘉鸿旧照

孙斯衡：1931 年生，定海城关人。1947 年就读于鄞县三一高中秋始一年级甲组。

（鄞县《三一校刊》1947 年第二期第 58 页）

严　砺：字子廉，1901 年生，定海人。1920 年 7 月毕业于澄衷中学。

（《澄衷》1921 年 1 期第 99 页，《澄衷学校己未级友录》第 87 页，《澄衷校史资料（第一卷）》第 223 页）

严松龄：1916 年 7 月生，定海人。1928 年曾就读于舟山中学，后在武汉大学附属中学继续中学学业。1935 年考入武汉大学西语系读书。1938 年因日军侵华随学校迁至重庆。1939 年武汉大学毕业，同年进入上海银行（内迁）工作。1945 年抗日战争胜利后就职于美孚石油公司中国分公司(上海),先后任查账员、审计师、总审计师、审计部主任等职。1949 年上海解放后,美孚石油公司停业,奉上海军管会命令,主持完成了清点美孚石油公司在上海浦东的财产,连同财产一起移交给军管会。后转至上海五金厂工作,一直至退休。1979 年退休后应上海交通大学的邀请,负责世界银行教育贷款、分配、落实工作。

(《天南海北舟中人》)

严言正:字再茂,1928 年生,定海沈家门人。1947 年就读于鄞县县立临时联合中学高秋三年级。

(《鄞中学生》1947 年 2 期第 146 页)

严祖康:1931 年 12 月生,岱山人。1952 年上海立信会计专科学校会计专业毕业。曾任上海海运管理局高级会计师,专长财务管理。

(《上海高级专家名录 第四卷》第 27 页)

李

李昌祚:字耘孙,定海人。1903 年南洋公学中学毕业。曾任吴淞江水利会工程司浙江吴兴工程事务所主任、淞沪督办公署建筑科科长。1916 年前被派往比利时留学。

(《交通部上海工业专门学校——南洋公学二十周年纪念》第 3 页,《南洋大学 30 周年纪念校友录》第 69 页、第 204 页)

李瑞莲:女,1907 年生,定海人。1935 年 8 月,上海缉椝中学毕业,后考入沪江大学,毕业获文学学士学位。曾任杭州弘道女中教务主任、史地教员。

(《上海私立缉椝中学校刊》1947 年第 193 页)

李通骏:字声周,1908 年生,定海人。1931 年上海法学院专门部法律科毕业。宁波地区执业律师。

(《上海法学院一览》第 108 页)

李志明：1909 年生，定海人。1923 年就读于上海澄衷学校小学部五年级丙级。

（《澄衷》1923 年 4 期第 102 页）

李剑华：女，1913 年生，定海城关人。1934 年，是光华大学社会系学生。

（《光华大学四明同学会特刊》1934 年第 29 页）

李　森：1917 年生，定海人。1938 年南洋模范中学校高中毕业。1942 年上海圣约翰大学物理系理学学士毕业。

（《戊寅级刊》1939 年第 1 期第 32 页，《上海圣约翰大学（1879—1952）》第 476 页）

李显庭：1917 年生，舟山人。1926 年就读于澄衷学校初小一年级。

（《澄衷》1926 年 11 期第 141 页）

李寄畊：字嗣振，1919 年生，定海沈家门人。上海法学院经济系毕业，毕业后经营企业。曾任沈家门镇长、定海县参议员。1950 年随国民党军队前往台湾省。

（《舟山乡讯》第 91 期，《瀛海同舟》，《舟山文史资料　第一辑》第 188 页）

李定邦：1924 年 7 月生，舟山人。1953 年上海交通大学机械制造系毕业。曾任上海电力修造总厂高级工程师，专长机械制造及输变电工程。

（《上海高级专家名录　第二卷》第 16 页）

李峻溪：1926 年生，定海人。1946 年 10 月宁波效实中学毕业，赴上海考学。

（《宁波旅沪同乡会会刊》1946 年复第 5 期第 4 页）

李隆芳：定海人。1948 年上海私立中国中学商科三年级毕业。

（《上海私立中国中学第三届毕业纪念刊》第 94 页、第 247 页）

李振亚：1929 年生，定海人，父亲李宝定。1946 年 8 月复旦大学附属中学初中部毕业，后转入上海市复旦大学附属中学高中一年级商科，成绩记录至高一第一学期。

（《上海复旦中学学生卡成绩表》）

李冠钧：定海人。1948年上海东南中学高中商科班三年级毕业。

（《1948级东南中学毕业纪念册》第120页）

李基棠：1932年5月生，定海人。1950年上海高级机械学校机械专业毕业。曾任上海船舶工业公司高级工程师，铸锻中心经理，专长铸锻生产技术和经营管理。

（《上海高级专家名录　第四卷》第102页）

李善青：1933年生，定海大树人。1947年就读于鄞县三一中学初中秋始二年级。

（鄞县《三一校刊》1947年第5期）

李嗣扬：1934年生，定海沈家门人。1948年就读于浙东中学初春二年级。

（《浙东校刊》1948年5期第79页）

李隆衡：1934年生，定海沈家门人。1951年就读于杭州树范中学（现杭州九中）高中春季一年级。

（《杭州树范中学校友录》1951年第5页）

佘

佘显炜：1954年上海水产专科学校渔捞科毕业，后在浙江水产学院工作。

（《上海水产大学校友录》第24页）

杨

杨圣波：小名宝训，1901 年生，沥港大鹏人，杨希栋之子。毕业于宁波第四中学，先就职于上海海关，后在南京津浦铁路工作。1927 年得到国民政府交通部长俞飞鹏的赏识与提携，转任津浦铁路局庶务科、上海航政局第一科科长、代理局长等职。1933 年继承父辈遗愿，出资万元，重建沥表嘴灯塔。1934 年杨圣波又捐资兴建大鹏碶、大鹏渡埠和息影亭，1939 年冬逝世，葬于沥表嘴灯塔附近的山岗上。

（《金塘志》第 354 页）

杨振雄：1906 年生，定海人。1931 年上海法学院专门部法律科毕业。宁波地区执业律师。

（《上海法学院一览》第 108 页）

杨福康：1916 年生，定海人。1924 年就读于澄衷学校小学一年级。1926 年小学三年级丙级在读。

（《澄衷》1924 年 7 期第 107 页、1926 年 11 期第 137 页）

杨志诚：女，1918 年生，定海城关人。二十世纪三十年代，就读于定海女子中学，后合并到舟山中学。1935 年秋由定海县政府选送到浙江省立高级助产学校求学，1937 年夏毕业，后被派遣到浙江省第十后方医院救护伤病员。1938 年在定海加入中国共产党，1939 年 3 月起任中共定海县工委委员，1940 年 3 月转移到上海治病并继续做党的宣传、联络和动员群众工作，曾在上海报刊上发表过多篇杂文、散文、小说等，并参与筹办进步报刊《儿童新闻报》等活动，动员知识青年去苏南、苏北、浙东等地参加新四军。抗战胜利至上海解放前夕，先后在党领导的"上海文艺青年联谊会"负责组织和联络工作，编写会刊《文艺学习》，担任上海进步报纸《联合晚报》的特约记者。受党委指派担任《妇女》月刊的编辑和撰稿人。参加党领导的迎接上海解放的准备工作和解放后接管文艺团体的工作。1949 年 10 月被调派到《解放日报》工作，任编辑、组长、社长室秘书，中共解放日报社总支委员。1957年春调至《新民晚报》工作,曾担任党组成员、编委委员兼办公室主任、党支部书记等职。1979年离休,参加"金秋文学社""老新闻工作者协会"和"舟山中学上海校友会"。

(《天南海北舟中人》,《舟山人在海内外 第一辑》第155页)

杨存裕:1924年4月生,定海人。1943年上海圣芳济学院化学系肄业。曾任上海机电工业职工大学副教授,专长铸造和法语。

(《上海高级专家名录 第二卷》第330页)

杨鸿贵:又名杨朝,1924年6月生,定海城关人。1939年前后在鸿贞女中附小及舟山中学上学,1940年参加新四军。曾在新四军浙东军政干部学校、东北民主联军炮兵学校坦克大队解放军第一坦克学校外文训练班、哈尔滨军事工程学院学习。曾先后任学员,排长,坦克车长,坦克连政治指导员,坦克第一团司令部研究组长、股长,坦克第一师司令部副科长、科长,第一坦克学校技术处处长,中央军委装甲兵技术部科长,装甲兵工程学院技术处处长等职务。其间曾参加开国典礼和1950年国庆阅兵。1952年负责国庆阅兵装甲兵部队受阅的组织工作。1963年转业到林业部林业机械研究所任研究室主任。1964年调至林业部上海人造板机器厂任副厂长、总工程师,曾任中国林学会、木材加工学会、林业机械学会理事,被评为高级工程师。1985年离休。

(《天南海北舟中人》,《舟山人在海内外 第一辑》第157页)

杨景芳:1926年10月生,定海人。1944年毕业于上海圣约翰大学土木工程系,工学学士学位。曾任上海宝山钢铁总厂工程指挥部高级工程师,专长土木工程。

(《上海高级专家名录 第二卷》第749页,《上海圣约翰大学(1879—1952)》第488页)

杨关龙:1926年11月生,舟山人。1950年上海大同大学工商管理系毕业。曾任上海重型机器厂高级会计师、总会计师,专长财务管理。

(《上海高级专家名录 第二卷》第219页)

杨福秋:1927年12月生,定海人。1951年沪江大学化学系毕业。

曾任上海医药工业研究院研究员、博导、学术委副主任,上海药物化学学会副主任委员。专长药物化学,从事心血管系统和中枢神经系药物研究。主要论文有《肾素抑制剂研究》等。

（《上海高级专家名录 第二卷》第 546 页）

杨大嘉：1952 年上海水产专科学校渔捞科毕业,后在舟渔公司工作。

（《上海水产大学校友录》第 20 页）

杨良济：1929 年生,定海城关杨家塘人,曼谷出生,杨良鋆的弟弟,后改名许扬。1947 年曾在成都金陵大学农学院就读。1949 年离世。

（《舟山晚报》2019 年 12 月 15 日）

杨蕊娟：女,1931 年生,定海沈家门人。1947 年 1 月初中毕业,1947 年 9 月就读于鄞县三一中学高中秋始一年级。

（鄞县《三一校刊》1947 年第 4 期第 37 页、1947 年第 5 期第 34 页）

杨瑞和：1933 年生,定海沈家门人。1947 年就读于鄞县三一中学初中秋始二年级。

（鄞县《三一校刊》1947 年第 4 期第 29 页）

吴

吴家源：字深之,定海人。1913 年就读于南洋公学附小,1915 年毕业。1920 年 7 月澄衷中学毕业。后进入上海中国银行工作。

（《南洋大学 30 周年纪念刊》,《澄衷》1921 年 1 期第 98 页,《澄衷学校己未级友录》第 86 页,《澄衷校史资料（第一卷）》第 223 页）

吴文星：1911 年生,定海勾山人。1929 年就读于浙江省立水产科职业学校渔务职工科一年级。

（《浙江省立水产科职业学校校刊》第 333 页）

吴义宝：字立群,1914 年生,定海人。上海商学院毕业。曾先后任赫金公司运输主任,益众广告公司经理,上海特别市堆栈业同业公会常务理事兼总务科主任,华中运输同业公会调查课长,华达公司经理。

(《近代上海甬籍名人实录》第 126 页)

吴子云:1922 年 9 月生,定海人。1951 年南京金陵大学理工学院化学系毕业,理学学士。曾任上海土产进出口公司高级经济师,专长应用有机化学,从事外贸专料科技。

(《上海高级专家名录 第四卷》第 315 页)

吴超然:曾名维菊,1924 年 10 月生,定海人。20 世纪 30 年代就读于舟山中学,1944 年毕业于上海中国牙医专科学校。1946 年获全国牙医师考试优等第一名。1947 年起担任上海牙医专科学校(现为上海第二医科大学)讲师。曾任上海卢湾区第一、第七、第十联合诊所所长,济南地段医院门诊部主任,卢湾区卫生工作者协会秘书长等。后为中华医学会上海口腔学小组、卢湾区卫生局质量监督小组成员。编有《口腔内科学》《口腔科根管治疗学》《全托牙学》及《局部金属铸造支架托牙学》等教材,对口腔医学有较高造诣。

(《舟山人在海内外 第二辑》第 61 页,《天南海北舟中人》)

吴宏美:定海人,高级工程师,九三学社社员。1946 年毕业于上海圣约翰大学化学系,理学学士。建国后,历任浙江省化学工业研究所三废治理研究室主任、副总工程师,浙江省环境保护局副总工程师、高级工程师,中国环境科学学会第二届常务理事,第六届全国人大代表。长期从事化学分析研究工作,主持了盐酸法沉淀磷酸钙的研究,其成果已用于生产。著有《废水处理过程及设备》等。

吴宏美旧照

（《上海圣约翰大学(1879—1952)》第 495 页,《昌国文博》第 154 页）

吴美英:女,1932 年生,定海沈家门人。1947 年就读于鄞县三一中学初中春始一年级乙组,1949 年念初中三年级。

（鄞县《三一校刊》1947 年第 4 期第 30 页、1949 第 7 期第 34 页）

吴克柔:女,1932 年生,定海人,家族从事手工业。1951 年肄业于上海美术专科学校绘画科(五年制)。创作的作品有插图《重新飞上天空》《棠棣之花》《小二黑结婚》,连环画《小辫子》《大家来锻炼》《雪花》《美丽的颜色》《春天》《雪天的小鸟》《两只小花猫》《小鸽子送信》《白玉娃娃》《粽子里的故事》《贝贝学儿歌》《我三岁》《这一天》等。

（《恰同学少年(下):上海美术专科学校档案史料丛编》第 476 页）

吴振达:1944 年生,定海沈家门人。1949 年就读于鄞县三一中学初中秋始一年级。

（鄞县《三一校刊》1949 年第 7 期第 39 页）

邱

邱鹤亭:1913 年生,定海人。1921 年就读于澄衷学校国民科一年级。1925 年初小毕业。1926 年就读于高小一年乙级。1931 年 7 月初中毕业。

（《澄衷》1921 年 1 期第 185 页、1925 年 8 期第 105 页、1926 年 11 期第 129 页,《澄衷半年刊》1931 年春第 200 页,《澄衷校史资料(第一卷)》第 226 页）

邱纪雄:女,1929 年生,定海人。1949 年上海法政学院经济专业一年级下半学期在读。

（《法政学院三十八年级毕业纪念刊》第 58 页）

邱素琴:女,1936 年生,祖籍普陀区沈家门镇。曾在上海读中学,后去香港开设一心针织有限公司,任董事长,在马来西亚、孟加拉国、多米尼加以及台湾、广州等地开设羊毛衫厂。关心家乡教育事业,1995 年捐资为沈家门第六小学修缮校舍。

（《舟山人在世界各地》第 43 页）

何

何家祥:1912 年生,定海城关人。1929 年就读于浙江省立水产科职业学校渔捞正科一年级。

（《浙江省立水产科职业学校校刊》第 332 页）

何兆璜:1912 年生,定海人。1930 年就读于上海中学高中商科一年级。

（《上海中学校一览》1930 年第 300 页）

何国光:1913 年生,定海城关人。1929 年就读于浙江省立水产科职业学校渔捞正科二年级。

（《浙江省立水产科职业学校校刊》第 331 页）

何懋刚:1914 年生,定海人。1930 年就读于上海中学校初一春班。

（《上海中学校一览》1930 年第 311 页）

何仲伊:1918 年生,定海人。1935 年,成为中法国立工学院附属法文补习班乙组学员。

（《中法国立工学院教职员学生一览》1935 年第 43 页）

何兆璋:1915 年 9 月生,定海人。1932 年上海大夏大学毕业。曾任上海市电影局总工程师,市电影电视技术学会理事长,专长电影录音、导演、技术管理等。

（《上海高级专家名录 第四卷》第 362 页）

何家统:1916 年 11 月生,定海人。1953 年北京中央体育训练班毕业。曾任上海市体育运动学校高级教练,专长足球。

（《上海高级专家名录 第四卷》第 692 页）

何仲吕：1919 年生，定海人。1935 年就读于中法国立工学院附属法文补习班乙组学员。

（《中法国立工学院教职员学生一览》1935 年第 45 页）

何国华：1921 年生，定海人。1933 年就读于杭州蕙兰中学初中一年级乙组。

（《蕙兰》1933 年第 1 期第 383 页）

何柏年：1926 年生，定海人。1950 年 7 月毕业于上海美术专科学校艺教科绘音组（三年制）。

（《恰同学少年（中）：上海美术专科学校档案史料丛编》第 481 页）

何勇德：1928 年生，定海人。1951 年私立上海学院法律系三年级上半学期在读。

（《私立上海学院 1951 年第一学期学生名录》第 4 页）

何巧梅：女，1929 年生，定海人。1949 年上海法政学院经济专业二年级下半学期在读。

（《法政学院三十八年级毕业纪念刊》第 65 页）

何仁华：1931 年 4 月生，定海人。1952 年 8 月上海圣约翰大学外语系毕业，文学学士。曾任上海卢湾区马当中学中学高级教师，专长英语教学。

（《上海高级专家名录 第一卷》第 358 页，《上海圣约翰大学（1879—1952）》第 521 页）

何松龄：1933 年生，定海高亭人。1947 年就读于浙东中学初秋二年级乙组。

（《浙东校刊》1947 年 4 期第 29 页、第 77 页）

何妙琴：女，1935 年生，定海人。1946 年就读于上海私立三育中小学校小学部四年级甲组。

（《私立三育中小学校同学录》1946 年冬第 35 页）

余

余纪堂:1905 年生,定海金塘人。1921 年就读于澄衷学校初中二年乙级。

(《澄衷》1921 年 1 期第 131 页)

余廉明:女,1932 年生,定海人。1947 年就读于鄞县三一初中春始一年级乙组。

(鄞县《三一校刊》1947 年第 2 期第 70 页)

余荣森:1920 年 8 月生,定海人。1943 年中央大学工学院水利工程系毕业,工学学士。曾任上海市政工程管理处高级工程师,专长环境水利、下水道工程。

(《上海高级专家名录 第四卷》第 200 页)

余柳芳:女,1936 年生,定海金塘人,1949 年就读于鄞县三一中学初中秋始一年级。

(鄞县《三一校刊》1949 年第 7 期第 39 页)

应

应　秋:原名应信全,1925 年生,祖籍金华,普陀礁潭人。1937 年随叔父应兰生前往上海,就读于上海虹口小学,初中毕业后返回家乡。曾在六横双塘一小学任教,改名应秋。1940 年前后受中共地下党的影响和教育,在家乡边教书边做抗日宣传工作。1942 年为抗日刊物《瀚声》撰稿。1943 年春,赴四明山参加新四军。1945 年在宁波慈城执行任务时被日军逮捕,不久在慈溪县翁家铺被害,时年 20 岁。

(《六横志》第 486 页)

应可俭：1926 年生，定海人。1950 年就读于之江大学土木工程系。

（《之江大学同学录》1950 年春第 37 页）

应凤竹：1934 年生，定海岱山人。1947 年就读于鄞县三一中学初中春始一年级甲组，1949 年读三年级。

（鄞县《三一校刊》1947 年第 4 期第 29 页、1949 年第 7 期第 33 页）

忻

忻茂华：字光甫，定海南门杨家塘人。曾任浙江省立水产科职业学校教职员，1928 年退职。

（《浙江省立水产科职业学校校刊》第 334 页）

汪

汪鹤洲：定海人。杭州私立安定中学毕业。

（《浙江教育》1926 年第 3 期第 194 页）

汪诚宝：1912 年生，定海人。1926 年就读于澄衷学校高小一年级乙级。

（《澄衷》1926 年 11 期第 130 页）

汪甫民：定海人，宁波中学学生。1950 年被拉伕前往台湾，曾是国民党陆军 75 师 224 团九连士兵。

（潘瑞泰《一九五零年被抓从军记》）

沈

沈志兴：字育豪，1899 年生，定海人。1928 年 4 月参加实业部全国度量衡局检定人员养成所第一期高级班，由上海市选送，毕业于上海华章公学。1936 年 2 月编印同学录前已经去世。

（《实业部全国度量衡局检定人员养成所毕业同学录》1936 年第 66 页）

沈天海：1905 年生，定海人。1927 年曾是上海总商会商业夜校学员，校外会员。

（《商夜年刊》1927 年 2 期第 145 页）

沈竞权：定海人，沈养园的弟弟。1931 年 7 月毕业于上海美术专科学校艺术教育系图工组。

（《恰同学少年（上）：上海美术专科学校档案史料丛编》第 452 页）

沈义康：1912 年生，定海人。1930 年是浦东中学高中三年级学生。

（《浦东期刊》1930 年 15 期第 201 页）

沈锡荣：1922 年 6 月生，定海人。1944 年毕业于上海电力公司夜校。曾任中国华东电力联合公司本部高级工程师，专攻电气试验。

《上海高级专家名录 第二卷》第 780 页）

沈宝棣：1923 年 12 月生，舟山人。1948 年浙江大学理学院化学系毕业，获学士学位。曾任上海化学工业专科学校副教授，专长分析化学教学与科研。

（《上海高级专家名录 第三卷》第 74 页）

沈铭勋：1928 年生，定海人。1947 年就读于鄞县三一中学高中春始一年级甲组。

（鄞县《三一校刊》1947 年第 2 期第 57 页）

沈文姝：女，1929 年生，定海人。1947 年就读于鄞县三一中学高中春始一年级乙组。1949 年高三毕业。

（鄞县《三一校刊》1947 年第 4 期第 23 页,1949 年第 7 期第 31 页）

沈室琦:字宝,1929 年生,定海高亭人。1947 年就读于浙东中学初秋二年级乙组。

（《浙东校刊》1947 年 4 期 29 页、第 77 页）

沈文微:女,1930 年 3 月生,定海城关人。1946 年就读于鄞县三一中学高中春始一年级乙组,1949 年高三毕业。1953 年上海第二医学院口腔系毕业,曾任上海第二医科大学第九人民医院主任医师,专长口腔修复、咀嚼生理,曾发表多篇论文。

（《鄞县三一校刊》1947 年第 4 期第 23 页、1949 年第 7 期第 31 页,《上海高级专家名录 第三卷》第 239 页）

沈泽民:1930 年 10 月生,定海人。1950 年毕业于上海大同大学电机工程系。曾任上海宝山钢铁总厂工程指挥部高级工程师,专长电气设计,从事设计管理工作。

（《上海高级专家名录 第二卷》第 749 页）

沈爱华:女,1930 年生,定海城关人。曾就读于鄞县三一中学高中春始一年级乙组。

（鄞县《三一校刊》1947 年第 2 期第 57 页）

沈隋珠:女,1931 年生,定海高亭人。1947 年 1 月就读于宁波效实中学初中春始一年级甲组。

（《效实学生》1947 年复刊号第 181 页）

沈文娟:女,1931 年生,定海城关人。1947 年就读于鄞县三一中学高中春始二年级乙组,1949 年高三毕业。

（鄞县《三一校刊》1947 年第 4 期第 23 页、1949 年第 7 期第 31 页》）

沈关耀:1932 年生,定海高亭人。1947 年就读于鄞县三一中学初中春始一年级甲组。曾为舟山高级水产学校渔捞科学生,1950 年随国民党军前往台湾。1975 年国民党空军上尉退役,后从事建筑业。

（鄞县《三一校刊》1947 年第 4 期第 29 页,《逝去的硝烟——赴台老兵访问实录》）

沈逢振:1932 年 3 月生,定海大鹏山人,家族从商。1946 年 1 月就读于宁波效实中学初中春始二年级。1951 年第二学期就读于上海美术专科学校绘画科（五年制）三年乙组。1961 年毕业于上海教育学院中文系,后为上海第六中学中学高级教师,从事语言教学。

（《效实学生》1947 年复刊号第 178 页,《恰同学少年（下）:上海美术专科学校档案史料丛编》第 477 页,《上海高级专家名录 第一卷》第 479 页）

沈幼珠:女,1932 年生,定海高亭人。1947 年 1 月就读于宁波效实中学初中春始一年级甲组。

（《效实学生》1947 年复刊号第 181 页）

沈耕莘:1932 年生,定海沈家门人。1947 年,鄞县三一中学初三春始班毕业。

（鄞县《三一校刊》1947 年第 2 期第 64 页）

沈关安:1934 年生,定海高亭人。1947 年就读于鄞县三一初中春始一年级甲组。

（鄞县《三一校刊》1947 年第 2 期第 68 页）

宋

宋豪士:字兰舟,1915 年生,定海人。先后从宁波民强中学及浙江省行政人员训练团毕业。曾任定海县政府教育科长、主任秘书,三民主义青年团定海分团主任,鄞镇定战地党政工作推进委员,浙江省政府浙东行署参议,浙江第六区复兴事业设计委员,定海县参议会议长,中国国民党定海县执行委员,定海民报社长。

（《近代上海甬籍名人实录》第 156 页,宁波政协《文史资料（第十

辑)》第 25 页,《瀛海同舟》第 401 页)

张

张孝安:字松亭,定海人,张康甫的儿子,儿子是张友仁。1908 年南洋公学附属小学毕业,1912 年中学四年级毕业,1917 年曾是上海工业专门学校土木专科三年级在读生。1926 年曾任南洋大学职员,为工程股主任。

(《交通部上海工业专门学校——南洋公学二十周年纪念》第 57 页,《南洋大学 30 周年纪念校友录》第 9 页、第 143 页、第 214 页,《展茅镇张氏宗谱》1996 年第 25 页)

张　晋:字絅伯,定海人。1926 年曾是上海交通大学学生,后在青岛明华银行工作。

(《南洋旬刊》1926 年 1 月 9 期第 8 页)

张家琅:字子琦,1902 年生,定海高亭人。1919 年就读于澄衷学校中学一年乙级。

(《澄衷中学己未四年级学生艺业》第 91 页)

张家坤:字浣生,1904 年生,定海人。定海中学毕业,曾在厦门大学进修 2 年,1926 年 2 月到宁波旅沪同乡会第四小学任教,1930 年担任训导主任一职。

(《宁波旅沪同乡会月刊》1930 年第 88 期第 42 页)

张孝曾:定海人。毕业于北京大学民 15 级(1926)专门部农学科。

(《国立北京大学历届同学录 下》第 231 页)

张肇祥:字绍基,1904 年生,定海人。1921 年就读于澄衷学校高等小学三年甲级,1922 年 7 月毕业。1923 年就读于商业科一年级。

(《澄衷》1921 年 1 期第 146 页、1922 年 2 期第 78 页、1923 年 5 期第 86 页)

张家坤：1905 年生，定海高亭人。1921 年就读于澄衷学校初中三年级。

（《澄衷》1921 年 1 期第 126 页）

张榆芳：1905 年生，定海人。1933 年担任上海立信会计事务所计核员。毕业于南洋高级商业学校，曾任卜内门洋碱公司闫灵登广告公司职员、上海商品检验局国际电信局会计员、国府救济水灾委员会稽核组稽核员。

（《立信会计季刊》1933 年 2 期第 267 页）

张孝行：1905 年生，定海城关人。1921 年就读于澄衷学校商业科二年级。1924 年旧制商业科四年级毕业。

（《澄衷》1921 年第 1 期第 139 页、第 6 期第 214 页，《澄衷校史资料（第一卷）》第 224 页）

张方赓：定海人，妻子是姚阿弟。持志学院肄业，曾任大成行（皮商）经理，专营软硬皮革，欧美纹皮及中国各皮厂出品皮革。1947 年与黄金荣共同发起修复战后名刹沪西龙华寺。

（《近代上海甬籍名人实录》第 158 页，《时事新报（上海）》1947 年 1 月 28 日，《申报》1948 年 5 月 22 日）

张　华：1907 年生，定海人。1932 年上海法学院专门部法律科毕业。宁波地区执业律师。

（《上海法学院一览》第 111 页）

张佞丕：1908 年生，定海人。1923 年就读于澄衷学校小学部二年甲级。

（《澄衷》1923 年 4 期第 88 页）

张逸桐：定海人。1935 年 6 月，中国医学院第六届毕业生。

（《中国医学院毕业纪念刊》1935 年第 466 页、第 72 页）

张逸桐

张子惠：1912 年 3 月生，定海人。1939 年美国国际函授学校机械工程专业毕业。曾任上海海运管理局高级工程师，专长机械设计制造。

（《上海高级专家名录 第四卷》第 27 页）

张宝存：1913 年生，定海人。1927 年就读于圣芳济英文学校，两年后进入鲍尔斯洋行实习，学习经营咖啡、水果业务。18 岁赴香港进入史派克洋行，经营百货。两年后返沪，创设檀香山伙食公司。在海宁洋行任职三年。1935 年创设德胜咖啡进口行，制销 C.P.C 咖啡，兼营猪油。后被推选为上海特别市咖啡馆同业公会理事长，又创设定海旅沪第一、第二两所小学，以推进教育发展。

（《近代上海甬籍名人实录》第 168 页，《宁波帮大辞典》第 126 页）

张鸿业：1913 年生，定海人。1926 年就读于澄衷学校初小四年甲级。

（《澄衷》1926 年 11 期第 131 页）

张鸿烈：1914 年生，定海人。1925 年就读于澄衷学校小学一年级。1926 年小学三年甲级在读。

（《澄衷》1925 年 8 期第 112 页）

张道桥：1914 年生，定海人。1934 年就读于澄衷中学商业科。

（《佛学半月刊》1934 年第 77 期第 8 页）

张　潮：1915 年生，定海城关人。毕业于国立上海音乐专科学校本科师范，曾在暨南附中、私立京江中学、华东联中、定海县中任音乐英文教员超过四年。1947 年任浙东中学音乐教员。

（《浙东校刊》1947 年 4 期第 21 页、第 23 页）

张咸明：1916 年生，定海人。1926 年就读于澄衷学校初小三年丙级。

（《澄衷》1926 年 11 期第 137 页）

张荣甫：1918 年生，定海人。1938 年担任江苏省立医政学院录事。

（《国立江苏医学院院友录》1942 年第 44 页）

张礼和：定海人。1936 年就读于上海市立敬业中学校普通科一年级。

（《敬中学生期刊》1936 年 1 月创刊号第 318 页）

张　杰：1921 年 11 月生，祖籍定海。1948年江苏正则艺术专科学校毕业，同年前往台湾。四十多年来一直从事绘画创作，擅长水彩画。1950 年起，先后在香港、日本、越南、巴西、德国、美国等地展出绘画作品。1963 年举办中国水彩绘画会，1967 年获台湾"中国画学会"最佳水彩画金爵奖。1975 年在台北"历史博物馆"举办荷花专题画展，1988 年因中国国际友谊促进会邀请到桂林写生创作，同时在北京举办个人画展。曾是台北市舟山同乡会常务监事。

张　杰
(1921—2016)

（《舟山人在世界各地》第 44 页，《蒋碧微纪念册 2005》第 87 页）

张杰在 1974 年的作品

张绪敏：1929 年生，定海秀山人。1948 年定海中学初中毕业，进入上海浦东金家桥市立陆行中学读书。

（定海县立中学 1948 级级友会《正风刊》第 22 页）

张友陶：1929 年生，定海沈家门人，张晓耕长子。1946 年就读于浙东中学高春二年级，又改读于效实中学高中秋始二年级。

（《浙东校刊》1947 年第 4 期第 25 页，《效实学生》1947 年复刊号第 174 页，《展茅镇张氏宗谱》第 110 页）

张翰英：1929 年生，定海虾峙人。1948 年定海中学初中毕业，进入上海高中就读。

（定海县立中学 1948 级级友会《正风刊》第 21 页）

张启忠:定海岱山东沙角人。1947年就读于浙东中学初秋一年级丙组。

（《浙东校刊》1947年4期第33页）

张友渭:1930年生,定海沈家门人,张晓耕次子。1947年1月就读于效实中学高中秋始一年级。

（《效实学生》1947年复刊号第176页,《展茅镇张氏宗谱》第110页）

张美浩:1930年生,定海沈家门人。1948年定海中学初中毕业,进入浙东中学初秋三年级就读。

（《浙东校刊》1947年4期第28页、第75页,定海县立中学1948级级友会《正风刊》第23页）

张娜琴:女,1930年生,定海人。1948年就读于上海中学校高中理科三年级乙班。1949年在之江大学文学院教育系就读。

（《上海中学校复校第三届毕业纪念刊》1948年第217页、第101页,《之江大学同学录》1949年第31页）

张娜琴

张君才:1931年生,定海人。1947年就读于浙东中学初春二年级。

（《浙东校刊》1947年4期第30页、第77页）

张忠道：1931年生，定海虾峙人。1948年定海中学初中毕业，进入奉化县立中学就读。

（定海县立中学1948级级友会《正风刊》第22页）

张林生：1954年上海水产专科学校渔捞科毕业（5年制专科），后在舟山水产局工作。

（《上海水产大学校友录》第24页）

陆

陆余均：1902年生，定海金塘人。1919年就读于澄衷学校中学一年乙级。

（《澄衷中学己未四年级学生艺业》第92页）

陆定喜：字颂凯，定海人。1918年南洋公学小学毕业。

（《南洋大学30周年纪念校友录》第126页、第216页）

陆颂凯：字廷曦，1911年生，定海人。复旦大学文学学士毕业，1932秋入职复旦大学，任高中部英语作文教师。1938年担任江苏省立医政学院会计组组长。

（《复旦大学同学录》1932年秋第9页，《国立江苏医学院院友录》1942年第43页）

陆荣甫：1930年生，定海沈家门人。1947年就读于鄞县三一中学高中秋始一年级乙组。

（鄞县《三一校刊》1947年第2期第58页）

陆稽年：1930年生，定海岱山人。1948年定海中学初中毕业，考入浙东中学。

（定海县立中学1948级级友会《正风刊》第22页）

陆士元：1931年生，定海岱山人。1948年定海中学初中毕业，考入宁波省立高级工业学校就读。

（定海县立中学 1948 级级友会《正风刊》第 22 页）

陈

陈宗绪：定海小沙人。1922 年承办南京四明公所，1926 年任南京第二小学校董。

（《俭德储蓄月刊》1926 年 7 月第 16 期，《宁波旅沪同乡会月刊》1935 年 142 期第 25 页）

陈诗豪：字耕莘，1881 年生，定海人，陈箴堂的儿子。1903 年上海圣约翰大学英文系毕业。曾任上海澄衷中学英文教师、公和洋行华经理、中华码头公司经理。后担任宝兴纺织公司董事兼经理、莘泰贸易公司店主，振泰纺织公司、上海水泥公司、信昌机器工程公司董事，上海信托股份公司、恒利银行、达丰染织厂、上海毛绒纺织厂监察人，吉泰洋货号、华丰搪瓷厂股东。曾是定海旅沪同乡会会董、沪西曹家渡救火会副会长、昌世中学校董。1919 年陈耕莘曾以父亲的名义捐款五百元创办定海公学，并任校董，负责筹划学校的教育经费。撰有《石灰之制造及用途》，译有《礬土：制铝原料之制法》等。

（《上海圣约翰大学 1879—1952》第 448 页，《申报》1931 年 3 月 26 日、1921 年 8 月 6 日、1924 年 10 月 10 日、1923 年 1 月 15 日、1933 年 4 月 3 日、1919 年 7 月 16 日、1936 年 4 月 16 日，《上海工商人名录》第 106 页）

陈学海：字仲谊，定海人。曾任南洋公学英文教师，从业 24 年。

（《南洋中学庚午年刊》1930 年第 57 页、第 156 页）

陆仲谊旧照

陈　鹏：字翊廷，1888 年生，定海人。曾任国民政府实业部技正，上海、宝山两县硝磺局局长。自创中华凤记玻璃厂、翊大电器化学厂、华伦油漆厂。1929 年任定海旅沪同乡会董事，1942 年创办宁波旅沪同乡会教育贷金会，担任审查员。1944 年捐助定海旅沪小学。

（《近代上海甬籍名人实录》第 209 页，《宁波帮大辞典》第 157 页，《申报》1944 年 8 月 24 日，《定海旅沪同乡会第五届报告》第 7 页）

陈志平：定海人。曾任浙江省立水产科职业学校教职员，1928 年退职。

（《浙江省立水产科职业学校校刊》第 330 页）

陈庆尧：字慕唐，定海人。1909 年从南洋公学中学五年级毕业，后毕业于交通部上海工业专门学校（原名南洋公学），获化学科学士、硕士学位。后就职于吴淞沪宁铁路机务处，是中国科学社物资材料组化学股社员。

（《交通部上海工业专门学校——南洋公学二十周年纪念》第 141 页，《南洋大学三十周年纪念校友录》第 124 页，《中国科学社社员分股名录》第 17 页）

陈桓武：字迪威，1897 年生，定海城关人。1915 年成为复旦公学浙江同学会普通会员。

（《复旦公学浙江同学会学生杂志》1915 年第 1 期第 126 页）

陈宪武：字仲宣，1901 年生，定海人。1915 年成为复旦公学浙江同学会普通会员。

（《复旦公学浙江同学会学生杂志》1915 年第 1 期第 126 页）

陈秀祖：字卓元，1904 年生，定海人。1931 年曾担任中法国立工学院会计，1933 年离职。

（《中法国立工学院院刊》第 1 期第 234 页）

陈芳澜：1904 年生，定海城关人。1921 年就读于澄衷学校初中二年级乙级，1924 年 7 月旧制中学毕业。

（《澄衷》1921 年 1 期第 132 页，《澄衷校史资料（第一卷）》第 223 页）

陈国樑：定海人。1919 年南洋公学附属小学毕业。1943 年上海圣约翰大学化学系理学学士毕业。

（《南洋大学 30 周年纪念校友录》第 123 页、第 216 页，《上海圣约翰大学（1879—1952）》第 482 页）

陈舜英：女，原籍定海，定居江宁。1925 年就读于江苏省立第一女子师范学校高级中学一年级。

（《江苏省立第一女子师范学校校友会杂志》1925 年 3 期第 69 页）

陈德兴：1907 年生，定海人。1927 年是上海总商会商业夜校学员。

（《商夜年刊》1927 年 2 期第 13 页）

陈文铨：号隆仕，1908 年生，定海人。1927 年 1 月毕业于上海美术专科学校图画专修科。曾任上海市化学原料商业同业公会候补监事，统原工业原料行经理。

（《近代上海甬籍名人实录》第 184 页，《恰同学少年（上）：上海美术专科学校档案史料丛编》第 444 页）

陈　锱：1909 年生，定海城道人。1928 年宁波民强中学高中二年级学生。

（《民强中学校刊》1928 年 6 月第 98 页）

陈兆麟：1909 年生，定海人。1922 年成为澄衷学校插班生，就读于国民科二年级乙级。

（《澄衷》1922 年 2 期第 90 页）

陈祥兴：1910 年 10 月生，定海人。1923 年上海松文小学毕业。曾任上海电影制片厂高级剪辑师，专长剪辑。

（《上海高级专家名录　第四卷》第 370 页）

陈梅荪：1911 年生，定海秀山人。1929 年就读于浙江省立水产科职业学校渔捞正科一年级。

（《浙江省立水产科职业学校校刊》第 332 页）

陈允甫：字文佩，1911 年生，定海小沙庄人。1929 年就读于浙江省立水产科职业学校渔捞正科二年级。

（《浙江省立水产科职业学校校刊》第 330 页）

陈明耀：1912 年生，定海人。1921 年就读于澄衷学校国民科三年级乙级，1925 年毕业。1926 年就读于初中商业科一年级，1930 年 7 月初中毕业。

（《澄衷》1921 年 1 期第 177 页、1925 年 8 期第 102 页、1926 年 11 期第 122 页，《澄衷校史资料（第一卷）》第 226 页）

陈贤卿：1912 年生，定海人。1923 年就读于澄衷学校小学二年甲级，1924 年小学三年级在读。1925 年 7 月小学毕业。1926 年就读于高小一年乙级。

（《澄衷》1923 年 5 期第 110 页、1924 年 7 期第 101 页、1926 年 11 期第 129 页）

陈国栋：1913 年生，定海人。1921 年就读于澄衷学校国民科一年级。

（《澄衷》1921 年 1 期第 185 页）

陈瑛：1913 年生，定海人。1923 年就读于澄衷学校小学三年乙级，1925 年 7 月小学毕业。1926 年就读于高小一年乙级。1931 年 7 月初中秋始三年级毕业。

（《澄衷》1923 年第 5 期第 108 页、1926 年第 11 期第 129 页，《澄衷半年刊》1931 年春第 200 页，《澄衷校史资料（第一卷）》第 226 页）

陈良绚：1915 年生，定海人。1932 年从圣约翰附属中小学校中学毕业。1934 年成为光华大学英文系学生，任光华大学四明同学会体育委员，1936 年丙子级毕业。

（《圣约翰大学附属中小学回忆集》第 208 页，《光华大学四明同学会特刊》1934 年 12 月第 29 页，《光华年刊》1936 年第 119 页、第 124 页）

陳良綱
文學士（英文）

陈良绚毕业照

陈洵武：定海城关人。1929 年就读于澄衷学校三三制春始中学一年级。

（《澄衷半年刊》1929 年夏第 99 页）

陈珍琦：定海人。1928 年就读于复旦大学附属中学。

（《复旦大学附属中学学生积分册》）

陈时彝：女，定海人。1934年从上海私立圣玛利亚书院女校肄业。

（《圣玛利亚书院女校1881—1952》第278页）

陈安镇：定海人，陈永泰之子。同济大学机械工程系肄业。1940年在上海南成都路141号创办艺林彩印公司，曾任上海福州路永祥印书馆发行部经理、德康钱庄董事。1947年为益友社商业补习学校董事。1948年迁往台湾。

（《近代上海甬籍名人实录》第187页，《飞报》1948年11月29日，《上海重要人名录》1941年，《稗谈书影录》第349页，《中共上海党史资料选辑（益友社十二年）第318页》）

陈安镇旧照

陈听彝：女，1917年12月生，定海人。1936年上海私立圣玛利亚书院女校毕业。

（《凤藻》1936年第16期第35页，《圣玛利亚书院女校1881—1952》第279页）

陈听彝照片

陈天保:1916 年 7 月生,定海干磡人。1931 年就读于澄衷学校春始中学一年级。1934 年 1 月初中毕业。1942 年从浙江大学电机系毕业。曾任上海市市内电话局高级工程师,专长机械结构、技术管理。

(《澄衷半年刊》1931 年春第 222 页,《澄衷校史资料(第一卷)》第227 页,《上海高级专家名录 第四卷》第 66 页)

陈叙一:1918 年 12 月生,定海人。1936 年上海沪江大学经济系毕业。曾任上海电影译制厂译审、顾问,专长英语,从事电影文学翻译工作。译著《热带非洲政治史》《朱莉亚》等。1983 年评为上海市劳动模范。

(《上海高级专家名录 第四卷》第 365 页)

陈武彝:定海人,1945 年就读于辅仁中学,后毕业于沪江大学文学院英文系,获文学学士学位。

(《沪江年刊》1945 年第 49 页)

Chen Wu I

陈　武　彝

文　学　士

英　文　系

浙　江　定　海

辅　仁　中　学

陈武彝毕业照

陈经纲：1922年生，定海人。1943年9月考入浙江大学文学院，在龙泉分校就读。

（《国立浙江大学龙泉分校史料》第208页）

陈德兴：1923年11月生，定海人。1939年留学日本，1942年毕业于日本经济（会计）专门学校成本核算工厂管理系。曾任华东师范大学副教授，专长高级日语、中译日。

（《上海高级专家名录　第三卷》第479页）

陈传节：1923年生，定海人，父亲陈烈堂。1939年8月由私立舟山中学转入上海市复旦大学附属中学念初中三年级，成绩记录至初三第二学期。

（《上海复旦中学学生卡成绩表》）

陈藏珠：女，定海人。上海启明女中毕业，1948年毕业于震旦大学社会系文学学士。

（《震旦女子文理学院一九四八年毕业纪念册》第 30 页、第 121 页）

陈藏珠毕业照

陈蕴玉：女，定海人。上海启明女中毕业，1948 年毕业于震旦大学化学系理学士。

（《震旦女子文理学院一九四八年毕业纪念册》第 31 页、第 122 页）

陈蕴玉毕业照

陈安邦：定海城关人，东吴大学法律系毕业。曾任上海美康煤油号经理。

（《打浦桥：上海一个街区的成长》第 266 页）

陈安兴：定海人。曾就读于苏州桃坞中学，是 1940 年级学生。后在上海美康煤油号任襄理。

（《桃坞》1940 年年刊第 44 页，《打浦桥：上海一个街区的成长》第 266 页）

陈　强：1927 年 11 月生，定海人。1948 年上海美术专科学校美术科毕业。曾任上海上海教育出版社副编审，专长水彩水粉。

（《上海高级专家名录 第四卷》第 498 页）

陈声雅：女，定海人，陈闻龙之女。1951 年 2 月上海圣约翰大学经济系毕业。

（《上海圣约翰大学（1879—1952）》第 516 页，《昌国文博》第 153 页）

陈声雅毕业照

陈嘉惠：1929 年生，定海中道头福定路人。1948 年定海中学初中毕业，后考入定海浙江省立水产科职业学校就读。

（定海县立中学 1948 级级友会《正风刊》第 22 页）

陈纯琯：字周楠，1929 年生，定海沈家门人。1947 年就读于鄞县县立临时联合中学高秋三年级。

（《鄞中学生》1947 年 2 期第 145 页）

陈诗枚：1930 年 5 月生，定海城关人。1949 年沪江大学附属高中毕业，1950 年上海大同大学化工系毕业。曾任上海振兴化工总厂高级工程师、副厂长，专长化工工艺与测试技术，从事化工技术管理工作。1985 年因参加"盐萃取精馏制取无水乙醇"新工艺获市科技成果一等奖。

（《上海高级专家名录 第二卷》第 560 页，《舟山人在海内外 第一辑》第 113 页）

陈香莲：女，1930 年生，定海人。1947 年就读于鄞县县立临时联合中学初春一年级。

（《鄞中学生》1947 年 2 期第 152 页）

陈倪福：1930 年生，定海城关人。1948 年定海中学初中毕业，后考入鄞县三一中学就读。

（定海县立中学 1948 级级友会《正风刊》第 22 页）

陈永康：1931 年 1 月生，定海人。1953 年上海财政学院会计系毕业。曾任上海化工研究院高级会计师，从事工业企业财务、成本核算工作。

（《上海高级专家名录 第二卷》第 79 页）

陈炜祯：1931 年生，定海人，高级工程师，中共党员。1947 年毕业于舟山中学，1954 年上海同济大学毕业。毕业后分配到华东建筑公司工作，1979 年调至湖北水泥制品厂工作，在报刊杂志发表各类译作和著作二百余篇。自 1979 年以来，利用业余时间积极参与世界语教学活动，共培训学员 500 余名。曾被选为武汉市世界语协会副理事长、新华世界语函授学校教务主任。1990 年退休后，陆续译完了琼瑶的《冰儿》《月朦胧》《窗外》《匆匆，太匆匆》等若干篇小说。

（《天南海北舟中人》，《舟山人在海内外 第一辑》第 122 页）

陈明良：1933 年 8 月生，定海人，父亲陈龙山从事木匠工作。上海市立晋元国民小学毕业，1947 年 2 月就读于上海晋元中学，1947 年 10 月自动退学。

《上海晋元中学学籍卡》

陈明良学籍卡照片

陈景山：1933年生,定海金塘人。1947年就读于浙东中学初秋一年级乙组。

（《浙东校刊》1947年4期第32页、第81页）

陈铭华：1933年生,定海沈家门东大街人。1948年就读于浙东中学初春一年级。

（《浙东校刊》1948年5期第81页）

陈淑祥：女,1934年生,定海人。1946年就读于上海私立三育中小学校初中部一年级甲组。

（《私立三育中小学校同学录》1946年冬第14页）

陈忠祥：1936年生,定海人。1946年就读于上海私立三育中小学校小学部四年级乙组。

（《私立三育中小学校同学录》1946年冬第41页）

陈佩君：女,1936年9月生,定海人。1949年上海市立民立女子中学(6年)毕业,同年9月考入江苏医学院医疗系,1955年毕业。

（《江苏医学院学生登记册》）

邵

邵象清:1929年8月生,定海人。1953年上海复旦大学生物系毕业。1955年上海复旦大学硕士研究生毕业。曾任复旦大学教授,专长人类学、体质人类学。后任美国乔治华盛顿大学教授。

（《上海高级专家名录 第三卷》第649页,《舟山人在海内外 第一辑》第92页）

武

武达庆:1907年生,定海人。1921年就读于澄衷学校高等小学二年甲级。

（《澄衷》1921年1期第151页）

武书礼:1910年生,定海人。1921年就读于上海澄衷学校国民科三年级甲级,1923年读小学五年级甲级。

（《澄衷》1921年1期第175页、1923年5期第99页）

武书明:1915年生,定海人。1925年就读于澄衷学校小学二年甲级,1930年就读于三三制初中一年甲级,1933年念二年级甲级。

（《澄衷》1925年8期第109页,《澄衷半年刊》1930年夏第162页,《澄衷半年刊》1933年10期第31页）

武桂芳:女,笔名桂芳、桂如芳、木圭等,1915年生,定海城关人。1933年上海中西女中毕业,1935年7月上海务本中学高师毕业,会考成绩第一名。在抗日救亡运动中,创作《背上了十字架》《新生》等多部作品。1939年有文章《围巾》等作品收录进《松涛集》出版。参加上海地下党外围活动,1938年参与《上海妇女》杂志的编撰校对等工作。曾一度向往延安,因父母阻拦未能前往。与许广平等左翼作家交往,被日本宪兵抓捕入狱。解放后在青锋中学（现上海长江中学）任班主任、语文教师。1990 年 6 月去世。

（《中国现代文学散文版本见闻续集 1926—1949》第 276 页，《浙江现代文坛点将台》第 482 页，《金性尧集外文编（第三卷）》第 261 页，《上海妇女志》第 498 页，《群岛述旧》第 127 页，《新民晚报》2013 年 5 月 11 日）

武桂芳和丈夫金性尧合照

武达权：定海人。1929 年就读于澄衷学校三三制春始中学一年甲级。1939 年 7 月初中毕业。1946 年圣约翰大学化学系毕业，获理学学士，10 月考取自费留学录取名额。1949 年在大夏大学申请了中级读者助学金。1992 年 2 月去世。

（《澄衷半年刊》1930 年夏第 163 页，《澄衷校史资料（第一卷）》第 229 页，《上海圣约翰大学（1879—1952）》第 495 页，《申报》1946 年 10 月 31 日、1949 年 3 月 12 日）

武书光：1920 年生，定海人。1926 年就读于澄衷学校中学三年乙级。

（《澄衷》1926 年 11 期第 112 页）

武书玉：1921 年生，定海人。1926 年就读于澄衷学校中学一年甲级。

（《澄衷》1926 年 11 期第 117 页）

武令仪：1932 年 10 月生，定海人。1949 年从上海允中女子中学肄业。曾任上海教育局教育研究室中学高级教师，专长小学语文教育研究。

（《上海高级专家名录 第一卷》第 337 页）

苗

苗敬达：1929 年生，定海沈家门外道头人。1947 年就读于浙东中学高秋一年级。

（《浙东校刊》1947 年 4 期第 26 页、第 74 页）

范

范慧珍：定海人。上海裨文中学毕业，后考入沪江大学理学院化学系，1947 年毕业。

（《沪江年刊》1947 年第 63 页）

范慧珍毕业照片

范丙耀：1925 年 10 月生，舟山人，为天一阁范氏后裔，妻子是梅兰芳的小女儿梅葆玥，儿子为中央电视台导演范梅强。1947 年毕业于南通学院纺织工程系，工学学士。曾任上海石油化工总厂金山石油化工厂工程公司高级工程师，专长棉纺、毛纺。参与编写《纺织手册》。

（《杼声》1947 年 4 月期第 247 页，《上海高级专家名录 第二卷》第 684 页，《中国伶人家族文化研究》第 157 页）

范君丙耀他有英俊的外貌，但不刻意去修饰，總是那麼自然，明朗，他態度是謙和，不是飄謟，思想是前進，不是過激，用音樂來陶冶性情，用文學來涵養意志，末了顧有情的地�${ }$他。

——圭初——

范丙耀毕业照片

范伟中：1932 年生，定海人。1946 年就读于上海私立三育中小学校初中部二年级甲组。

（《私立三育中小学校同学录》1946 年冬第 10 页）

茅

茅东升：1929 年 12 月生，定海人。1952 年上海大同大学土木系毕业。曾任上海铁路局勘测设计院高级工程师，专长工建、民建。

（《上海高级专家名录 第四卷》第 91 页）

林

林孝先：字仙舟，1907 年生，定海人。1921 年就读于澄衷学校高等小学三年甲级，1923 年考入商业科二年级，1926 年 7 月旧制商科毕业。

（《澄衷》1921 年 1 期第 144 页、1923 年 5 期第 85 页，《澄衷校史资料（第一卷）》第 224 页）

林则华：1910 年生，定海人。1923 年就读于澄衷学校小学二年乙级，1926 年就读于高小一年乙级。

（《澄衷》1923 年 5 期第 111 页、1926 年 11 期第 130 页）

林会君：1912 年生，定海人。1923 年就读于澄衷学校小学一年级。1925 年小学三年甲级在读。

（《澄衷》1923 年 6 期第 224 页、1925 年 8 期第 111 页）

林世英：1914 年生，定海马岙人。1926 年就读于澄衷学校初小四年乙级。

（《澄衷》1926 年 11 期第 133 页）

林则茂：1915 年生，定海人。1924 年就读于澄衷学校小学一年级，1926 年初小三年甲级在读。

（《澄衷》1923 年 5 期第 107 页、1926 年 11 期第 134 页）

林民先：1916 年生，定海人。1923 年就读于澄衷学校小学一年级。1925 年小学二年乙级在读。1926 年 7 月旧制商科毕业，1933 年中学三年级在读。

（《澄衷》1923 年 5 期第 112 页、1924 年 7 期第 105 页、1925 年 8 期第 111 页、1926 年 11 期第 134 页，《澄衷半年刊》1930 年夏第 163 页）

林仲良：1930 年生，定海人。1948 年定海中学初中毕业，进入上海浦东市立陕川中学就读。先后在徐州电信局、邮电部武汉电信工程公司任职。1966 年后调至邮电部武汉通信仪表厂，任研究所所长、高级工程师等职,主持参加部分通信仪表研制与结构设计。退休后任北京斯汀摩生物技术工程公司武汉分公司顾问。

（定海县立中学 1948 级级友会《正风刊》第 23 页,《舟山人在海内外 第二辑》第 91 页,《浙江档案数据库 浙江历史名人辞典》）

林三祝:1930 年 1 月生,定海人。1952 年大同大学电机系毕业。曾任上海广播科学研究所高级工程师、科技委员会副主任,专长广播技术研究。1985 年因 HP8754A 型网络分析仪配用的自动测量研究获广播电影电视部科技进步三等奖。

（《上海高级专家名录 第四卷》第 362 页）

林三益:1931 年生,定海城关人。1948 年定海中学初中毕业,进入上海高中就读。

（定海县立中学 1948 级级友会《正风刊》第 21 页）

林鑫业:1932 年 5 月生,定海人,父亲林嘉宾,经营牛奶公司。上海市三育小学毕业,1945 年 9 月就读于上海晋元中学,1947 年 7 月退学。

（《上海晋元中学学籍卡》）

林鑫业学籍卡上的照片

林素卿:女,1932 年生,定海人。1947 年就读于鄞县三一中学初中秋始一年级乙组。

（鄞县《三一校刊》1947 年第 2 期第 77 页）

林鹤亭：1932年生，定海沈家门东大街人。1948年就读于浙东中学初春二年级。

（《浙东校刊》1948年5期第78页）

林蓓莉：女，1939年生，定海人。1946年在上海私立三育中小学校小学部一年级甲组就读。

（《私立三育中小学校同学录》1946年冬第61页）

郁

郁尧山：1951年上海水产专科学校渔捞科毕业（5年制专科），后任舟山市科协主席。

（《上海水产大学校友录》第19页）

竺

竺家峰：1930年生，定海城关人。1949年就读于鄞县三一中学高中春始二年级。

（鄞县《三一校刊》1949年第8期第28页）

金

金文彬：定海人。1920年6月嘉兴私立秀州中学高中毕业，1934年东吴大学毕业，毕业后经商。

（《秀州钟》1927年第7期第108页，《东吴大学》1934年13期第318页）

金传祺：1925年5月生，定海人。1948年上海大同大学电机系毕业。曾任上海市二轻工业建筑设计院高级工程师,专长电机试验及电气设计。发表论文《无刷同步电动机励磁自动调节》等9篇,著有《最近的大型电动机》等。

（《上海高级专家名录 第二卷》第657页）

金传城：1928年9月生,定海人。1949年上海音乐学院钢琴系毕业。曾任上海音乐学院副教授,专长钢琴演奏教学。

（《上海高级专家名录 第三卷》第352页）

金义昌：1934年5月生,定海人。1951年杭州高级工业学校土木、企业管理专业毕业。曾任上海电子管四厂高级经济师、厂长,从事企业管理。

（《上海高级专家名录 第二卷》第147页）

金德恒：1935年生,沈家门人。1947年就读于浙东中学初秋一年级丙组。

（《浙东校刊》1947年4期第33页、第79页）

周

周德新：定海沈家门人。曾任浙江省立水产科职业学校教职员,1929年退职。

（《浙江省立水产科职业学校校刊》第335页）

周邦彦：字憩南,定海学宫前人。1913年上海工业专门学校(原名南洋公学)中学四年级毕业,曾任江苏第五中学(常州中学)教员。

（《南洋(上海1915)》第2期第225页,《交通部上海工业专门学校——南洋公学二十周年纪念》第123页,《南洋大学30周年纪念校友录》第82页、第207页）

周维新：1907年生,定海人。1927年是上海总商会商业夜校学员。

（《商夜年刊》1927年2期第135页）

周五鹤：1908 年生，定海人。1927 年是上海总商会商业夜校学员。

（《商夜年刊》1927 年 2 期第 142 页）

周锡圻：1910 年生，定海人。1923 年就读于澄衷学校小学部四年乙级。1926 年读初中一年乙级。

（《澄衷》1923 年 4 期第 105 页、1926 年 11 期第 119 页）

周庭柏：1914 年 9 月生，定海人。1938 年上海沪江大学建筑系毕业。曾任上海市建筑科技情报设计所高级建筑工程师，专长建筑设计。

（《上海高级专家名录 第四卷》第 271 页）

周永隆：1914 年生，定海大校场人。1929 年就读于浙江省立水产科职业学校渔捞正科一年级。

（《浙江省立水产科职业学校校刊》第 331 页）

周锡壤：1917 年生，舟山人。1926 年就读于澄衷学校初小二年级。

（《澄衷》1926 年 11 期第 139 页）

周定才：1917 年生，定海人。1948 年任省立高级工业职业学校土木科教员、设备组组长。

（《省立高级工业职业学校教职员学生通讯录》1948 年第 2 学期第 1 页）

周锡鲲：1919 年 8 月生，定海人。1938 年上海雷士德工学院机械系肄业。曾任上海长江轮船公司高级工程师，专长船舶动力机械修造。

（《上海高级专家名录 第四卷》第 4 页）

周基业：1919 年 11 月生，定海人。1946 年上海大夏大学经济系毕业。曾任上海染织化工八厂高级工程师，专长颜料、涂料、助剂。

（《上海高级专家名录 第二卷》第 54 页）

周文博：笔名方浦、闻博，1924 年生，定海人，中国民主同盟成员，妻子卢慧。1948 年毕业于浙江大学外文系，后又结业于新华总社新闻训练班。历任《文艺报》戏剧电影组组长，黑龙江省文联、省文化局戏剧工作室干部，苏州铁道师范学院中文系教师。

（《竺可桢日记》,《定海当代人物》,《中国作协:当代作家介绍》,《苏州杂志》2018 年第 4 期第 65 页）

周文博旧照

周建麟:1925 年 6 月生,定海人。1948 年毕业于上海大同大学电机工程系。曾任上海宝山钢铁总厂高级工程师,专长电力变压器设计。

（《上海高级专家名录 第二卷》第 745 页）

周尧卿:定海人,苏州桃坞中学 1943 年级学生。

（《桃坞》1940 年年刊第 59 页、第 62 页）

周中立:1929 年生,沈家门蒲湾鹳峙碶人。1948 年定海中学初中毕业,后考入浙江省立水产职业学校就读。

（定海县立中学 1948 级级友会《正风刊》第 22 页）

周信亚:女,1929 年生,定海人。1951 年就读于之江大学文学院教育系二年级第二学期,由爱国女中考入。

（《之江大学同学录》1951 年春第 17 页）

周明智:1932 年 8 月生,定海人。1953 年上海交通大学机械系毕业。曾任上海电力学院高级工程师,专长电站热力设备检修改进,从事电力教学工作。

（《上海高级专家名录 第三卷》第 90 页）

周梅占：1933 年 2 月生，舟山人。1953 年华东纺织工学院化纤系毕业。曾任上海市合成纤维研究所高级工程师，从事化纤情报检索工作。

（《上海高级专家名录 第二卷》第 395 页）

周明德：1936 年 1 月生，定海人，中共党员，教授，高级工程师。妻子是安徽蒙城人张淑林（玲），曾任中国科技大学研究生院教授、副校长。女儿是周红儿。周明德 1948 年 9 月进入上海育才中学读书。1954 年 7 月高中毕业后，考入清华大学自动控制计算机专业。1959 年毕业后留校任教。1982 年调至中国计算机技术服务公司，历任公司培训部副主任、公司副总工程师、总工程师。1976 年与北京电力建设公司合作研制的"主蒸汽管道合金钢厚壁管全位置自动焊管机"获 1978 年全国科技大会奖，1981 年研制的"数控式脉冲氢弧焊全位置焊管机"获北京市科技成果三等奖。著有《微型计算机硬件、软件及其应用》（清华大学出版社 1982 年），获 1983 年度全国优秀科技图书二等奖。主编了《微型计算机 IBM－PC（0520）原理及应用》（清华大学出版社 1985年）、《微型计算机接口电路》（清华大学出版社 1986 年）、《高档微型计算机（上册）》（清华大学出版社 1987 年）、《高档微型计算机（下册）》（清华大学出版社 1989 年）。1985 年担任中央电大微机原理及应用课程主讲教师，编写《微型计算机硬件、软件及其应用（缩编本）》等教材。1992年担任中央电大微机技术课程主讲教师，编写教材《微机技术》（中央广播电视大学出版社 1992 年），1998 年担任中央电大微机原理与应用课程主讲教师，编写教材《微机原理与应用》。1994 年被评为全国电大优秀主讲教师。周明德是原电子工业部有突出贡献专家，享受国务院政府特殊津贴。

（周明德《工会入会申请书》，《微型计算机系统原理及应用（第六版）》作者荐言，《周明德：回忆在焊接专业的一些往事》）

周明德旧照

周文琴：女，1936 年 11 月生，定海人。1948 年起先后在定海私立初级中学和上海私立申培中学就读，1950 年 9 月毕业，1954 年 7 月从上海市立市东中学高中毕业，同年考入江苏医学院医疗系，1958 年毕业。

（《江苏医学院学生登记册》）

於

於　铁：1930 年生，定海人。1946 年 1 月就读于效实中学高中秋始二年级。

（《效实学生》1947 年复刊号第 174 页）

於寅儿：1935 年生，岱山人。1947 年就读于鄞县三一中学初中春始一年级甲组。1949 年念初中三年级。

（鄞县《三一校刊》1947 年第 4 期第 29 页、1949 年第 7 期第 33 页）

郑

郑宗经：1919 年生，定海人。1937 年就读于上海美术专科学校西洋画系一年级一期。

（《恰同学少年（上）：上海美术专科学校档案史料丛编》第 472 页）

郑松贵：定海人。1948 年上海诚明文学院毕业。

（《上海诚明文学院通讯录》1948 年第 3 页）

郑传清：岱山东沙角大横街人。1947 年就读于浙东中学初秋一年级甲组。

（《浙东校刊》1947 年 4 期第 310 页）

郑连赓：1934 年生，沈家门人。1949 年就读于鄞县三一中学初中秋始一年级。

（鄞县《三一校刊》1949 年第 8 期第 34 页》）

郑启格：1937 年生，岱山人。1949 年就读于鄞县三一中学初中秋始一年级甲组。

（鄞县《三一校刊》1949 年第 7 期第 37 页）

房

房国才：1910 年生，定海人。1923 年就读于澄衷学校小学三年乙级，1925 年 7 月小学毕业。

（《澄衷》1923 年 5 期第 108 页、1925 年 8 期第 105 页）

赵

赵友善：定海人。1930 年光华大学附中高三商科。

（《光华年刊》1930 年第五期第 183 页）

赵有莘：1911 年生，定海横塘弄赵家人。1929 年就读于浙江省立水产科职业学校渔捞正科二年级。1933 年上海新民中学高中毕业。

（《浙江省立水产科职业学校校刊》第 331 页，《新民》1930 年第 7 期第 25 页、第 137 页）

赵有莘旧照

赵兆飞：1912 年生，定海城关南门外人。1930 年是浦东中学高三学生。

（《浦东期刊》1930 年 15 期第 223 页）

赵志良：定海人。上海法政学院法律系毕业。后从事律师行业。

（《上海法政学院业同学录》1947 年第 73 页）

赵友昌：1931 年，定海沈家门人。1946 年 1 月鄞县三一中学初中毕业，1949 年就读于鄞县三一中学高中春始三年级。

（鄞县《三一校刊》1947 年第 4 期第 26 页、1949 年第 8 期第 27 页）

赵锡龄:1932年生,定海高亭人。1946年就读于鄞县三一初中春始一年级甲组,1949年春始高一就读。

(鄞县《三一校刊》1947年第2期第67页、1949年第7期第33页)

赵信昌:1932年生,定海沈家门人。1947年就读于浙东中学初春一年级。

(《浙东校刊》1947年4期第31页、第79页)

胡

胡鸣凤:定海人,创办鸣凤小学。1921年和1924年被选为定海同乡会会董。1918年于上海海宁路鸿安里创办四明职业学校。

(《虹口区志》第1004页,《申报》宁波史料集5,《申报》1921年3月24日、1924年11月27日)

胡象美:定海人。1923年8月担任上海宣镜女学校董。1926年1月作为校董出席上海女子工艺学校庆祝元旦(新重庆路)活动。1929年担任定海旅沪同乡会交际科董事。1930年12月担任上海公学及杭州济生助产学校校董。

(《申报》1926年1月5日、1923年8月16日、1922年2月10日、1930年12月29日,《定海旅沪同乡会第五届报告》第8页)

胡襄吉:定海人。1910年在上海美租界新记浜路创办养正学校。1916年2月审查教育会甲项资格塾师。1929年定海旅沪同乡会特别会员。

(《申报》1925年2月7日、1916年2月15日,《定海旅沪同乡会第五届报告》第13页)

胡秉钧:字修衡,1902年生,定海县榭南乡人。1936年任宁波旅沪同乡会第八小学教员,由宁波甲种商校毕业。1935年10月入职,从教10年。曾任定海县参议会议员。

（《宁波人》,《宁波旅沪同乡会月刊》1936 年第 160 期第 54 页）

胡维坚:1905 年生,定海人。1927 年是上海总商会商业夜校学员。

（《商夜年刊》1927 年 2 期第 137 页）

胡榴根:1906 年生,定海人。1921 年就读于澄衷学校高等小学一年丙级。

（《澄衷》1921 年 1 期第 165 页）

胡寿滢:1908 年出生,定海人。1921 年就读于澄衷学校国民科三年甲级。

（《澄衷》1921 年 1 期第 173 页）

胡寿彭:1909 年生,定海人。1921 年就读于澄衷学校高等小学一年甲级。1923 年高等小学后期毕业。

（《澄衷》1921 年 1 期第 158 页,1923 年 4 期第 96 页）

胡寿康:1911 年生,定海人。1921 年就读于澄衷学校国民科三年乙级,1925 年毕业。

（《澄衷》1921 年 1 期第 177 页、1923 年 5 期第 100 页）

胡以明:1913 年生,定海太保庙前胡家塘人。1929 年是浙江省立水产科职业学校渔捞渔务科一年级学生。

（《浙江省立水产科职业学校校刊》第 334 页）

胡振华:字天吉,1914 年生,定海沈家门人。1929 年就读于浙江省立水产科职业学校渔捞正科一年级。

（《浙江省立水产科职业学校校刊》第 332 页）

胡委声:1914 年生,定海人。1921 年就读于澄衷学校国民科一年级。

（《澄衷》1921 年 1 期第 184 页）

胡世云:1914 年生,定海人。1923 年就读于澄衷学校小学一年级。1926 年小学四年乙级在读。

（《澄衷》1923 年 5 期第 112 页、1926 年 11 期第 134 页）

胡吉安：定海人。1928 年秋进入复旦大学附属中学读书。

（《复旦大学附属中学学生积分册》）

胡正祥：1915 年生，定海书院弄人。1929 年就读于浙江省立水产科职业学校渔捞正科一年级。

（《浙江省立水产科职业学校校刊》第 331 页）

胡贤强：定海人。1941 年圣约翰大学文理学院政治系文学学士毕业。

（《上海圣约翰大学(1879—1952)》第 470 页，《申报》1941 年 6 月 6 日）

胡光禄：1916 年生，定海北街小余桥下胡友二房人，胡名球长子。上海南洋模范中小学初中毕业，童子军团员，1938 年南洋模范中学高中毕业。1939 年就读于之江大学土木系二年级。多次在刊物上发表译文。1943 年 5 月 18 日在《申报》上发表与丁绛珠结婚启事。

（《南洋模范中小学年刊》1935 年第 4 期第 167 页、第 63 页，《戊寅级刊》1939 年第 1 期第 33 页，《钱塘江文献集成第 18 册》第 466 页，《之江校刊》1948 年第 14 期第 1 页）

胡启芳：定海人。1932 年 8 月被上海正风中学第一期录取为男子部普一班学生。

（《申报》1932 年 8 月 9 日）

胡光福：定海北街小余桥下胡友二房人，胡名球次子。1935 年 7 月上海南洋模范中小学初中毕业，童子军团员。

（《南洋模范中小学年刊》1935 年第 4 期第 167 页、第 63 页）

胡永祚：1922 年 6 月生，舟山人。1946 年上海大同大学电机系毕业。曾任上海机床电器厂高级工程师，从事各类变压器设计制造。

（《上海高级专家名录 第二卷》第 247 页）

胡玖芳：女，定海人。由上海培成中学转入沪江大学文学院英文系,1946 年毕业。

（《沪江年刊》1947 年第 56 页）

胡学文：定海北门大墩地胡家人。1935 年 7 月就读于南洋模范中小校初小四年级。

（《南洋模范中小学年刊》1935 年第 4 期第 285 页）

胡莲珠：定海人，胡庭梅长女。由上海启秀中学转入沪江大学商学院工商管理系,1947 年毕业。

（《沪江年刊》1947 年第 101 页）

胡莲珠毕业照

胡嘉显：定海人大榭乡人。1938 年就读于鄞县正始初中春始一年级。

（《正始学生》1938 年第 2 期第 95 页）

方越勤：原名胡亚男,1925 年 11 月生,定海城关施家河头人,胡仲康的女儿。1932 年起就读于定海县县立县前小学及舟山中学。1940 年考入上海启明女子中学继续求学。1942 年参加革命,先后在吴榭乡陈司庙小学、吴榭小学、蟹峙乡蟹峙小学、拗山小学、甬东乡甬东小学、岱山虞塘小学、定海县城道国民小学、镇海大碶头烟墩小学任教员。1948 年在四明山地区做群众工作。1949 年调至台州地区台属出版社刻腊。台州解放后任台州地方国营印刷厂厂长。1952 年调至南京国营五一一厂任技校政治辅导员、车间支部书记、厂办公室主任。1960 年调至南京对外贸易公司（现改南京市经济贸易委员会）任秘书科长、畜产经理部支部书记、羽绒厂厂长。1981年离休。

（《天南海北舟中人》,《定海名门》第151页,《舟山人在海内外 第一辑》第172页）

胡定懿:女,1927年生,定海人。1949年上海法政学院法律专业一年级下半学期在读。

（《法政学院三十八年级毕业纪念刊》第51页）

胡定一:1928年生,定海城关胡风房人。1949年考入复旦大学化学系,1932年秋季毕业。

（《复旦大学同学录》1932年第71页）

胡义立:1930年生,定海人沥港乡平山港口廊人。1947年就读于鄞县三一中学高中春始一年级乙组。

（鄞县《三一校刊》1947年4期第23页）

胡又兴:1931年生,定海虾峙人。1948年定海中学初中毕业,后考入宁波省立高级工业专科学校。

（《定中》1948级级友通讯录,定海县立中学1948级级友会《正风刊》第22页）

胡梯青:1931年生,定海人。1946年1月就读于宁波效实中学初中春始一年级甲组。

（《效实学生》1947年复刊号第182页）

胡定珍:1932年7月生,定海人。1952年上海民立中学毕业。曾任上海长宁区天山中学中学高级教师,专长生物教学。

（《上海高级专家名录 第一卷》第344页）

胡麟书:1933年生,定海人。1946年1月就读于宁波效实中学初中秋始一年级乙组。

（《效实学生》1947年复刊号第185页）

胡永祥:定海沈家门人（一说惠安人）。1947年就读于浙东中学初秋二年级乙组。

（《浙东校刊》1947 年 4 期第 29 页）

胡浩卿：1933 年生，定海人。1949 年就读于鄞县三一中学初中秋始二年级。

（鄞县《三一校刊》1949 年 8 月第 7 期第 36 页）

胡继阳：1933 年生，定海大榭外厂人。1947 年就读于鄞县三一中学初中秋始三年级。

（鄞县《三一校刊》1947 年第 5 期第 36 页）

胡培德：1934 年生，定海人。1946 年 1 月就读于宁波效实中学初中秋始一年级乙组。

（《效实学生》1947 年复刊号第 185 页）

胡继民：1935 年生，定海人。1949 年就读于鄞县三一中学初春一年级。

（鄞县《三一校刊》1949 年第 8 期第 36 页）

胡正朋：1935 年生，定海人。1948 年是上海市立吴淞中学（现宝山吴淞中学）初中春二年级在校生。

（《上海市立吴淞中学师生通讯录》1948 年第 24 页）

胡小毛：定海城关施家河头人，胡仲康儿子。上海中学毕业，后从印刷厂退休。

（李仁娟《定海名门》第 151 页）

胡雅雄：定海城关施家河头人。曾就读于上海南洋模范中学，1948 年加入中国共产党，中华人民共和国成立后任上海外事办处长。

（李仁娟《定海名门》第 151 页）

柯

柯福山：1931 年 2 月生，定海人，柯福堂的弟弟。1946 年在上海私立三育中小学校初中部二年级甲组就读。1954 年毕业于大连海运学院轮机系。曾任上海船舶工业公司培训中心高级讲师，专长船舶柴油机材料力学，从事教学工作。

（《私立三育中小学校同学录》1946 年冬第 10 页，《上海高级专家名录　第四卷》第 104 页）

查

查瑞龙：1904 年生，原籍定海，出生于上海闸北陆家宅，父亲是木匠查永水，儿子是上海市非物质文化遗产"打花棍"代表性传承人查天培。1917 年在商务印书馆办的尚公小学读书。1920 年进入上海精武体育会，师从刘百川、任志傲、佟忠义等国术名家，操练拳术和武功。武术会拜师卒业后，进入承天中学，不久辍学，还学习过建筑工程。1922 年发起组织国育武术研究会，苦练石担石锁，创造"五花飞石"等 40 多种花式动作。练就双臂千钧神力，堪称一绝，成为武术名家。1926 年至 1928 年间，常在上海万国体育会与外国人比武，屡屡获胜。当时有外国人邀请他当保镖，黄金荣花园和哈同花园都邀请过他，但都明确予以拒绝。查瑞龙因和师妹邬丽珠共同出演《关东大侠》电影，被人们誉为"关东大侠"。1932 年参加华艺影业公司，主演《民族生存》《肉搏》《中国海的怒潮》等进步影片，还为此救助保护田汉。1933 年任中国电影文化协会理事和执行委员。1934 年到 1935 年五次到泰国、新加坡、菲律宾演出，凭借惊险节目艺惊四座。1935 年出任莫义武术会会长。1938 年创办上海业余体育研究会。1940 年主编《新技击》。1952 年组织工人创建石担石锁队，教授武术并表演。他还拒绝美国米高梅影片公司拍涉辱华影片的邀请。后多次当选闸北区人大代表和政协委员，被当时上海人称为"东方大力士",被田汉称为"左翼电影工作者",被电影界称为我国最早的功夫电影明星。

（《海上生遗珠——上海静安非遗传承人口述实录》第 193 页，《精武志》第 143 页，《战斗在大上海》第 396 页，《体育人物》第 107 页，《电影月报》1928 年第 5 期第 4 页）

查瑞龙表演时的照片

查氏海派花棍传承谱系

钟

钟京康：1930 年生，定海沥港人。1947 年就读于鄞县三一中学高中春始一年级甲组。

（鄞县《三一校刊》1947 年第 2 期第 56 页）

钟银益:女,1932年12月生,定海人。1949年上海恒茂中学毕业。曾任上海博物馆副研究馆员,专长书画鉴定及绘画理论研究。

(《上海高级专家名录 第四卷》第446页)

钟芝月:女,1933年生,定海沥港人。1947年就读于鄞县三一中学初中春始一年级乙组。

(鄞县《三一校刊》1947年第2期第70页)

俞伯瑾:定海人。是上海圣约翰青年中学1924年级西文高中毕业生。1926年就读于光华大学。

(《青年镜》1924年第38期第9页,《光华年刊》1926年第1期第333页)

俞伯瑾上学时期照片

洪庆增:字钦曾,定海人。1912年是南洋中学第六届毕业生。曾任上海华安水火保险公司主任。

(《交通部上海工业专门学校——南洋公学二十周年纪念》第128

页,《南洋大学 30 周年纪念校友录》第 88 页、第 206 页)

洪永川:1905 年生,定海人,信奉天主教,育有洪嘉禾等子女 8 人。曾求学于上海圣芳济英文专修学院,精通英文、法文。1927 年 12 月作为益友社雇员,去欧洲推销国货。从上海黄浦江码头出发,与傅雷同行,经过 34 天航行到达法国马赛。1931 年和 1932 年两次向驻法国华侨卢玉成等募捐 2616 法郎,救助东北义勇军和河北水灾灾民。1933 年下半年,日军侵华,携妻从法国回国,落脚沈家门。一面经商,一面参加抗日救亡。1935 年当选为沈家门圣心会公教进行会副会长。1939 年 3 月乘谋福轮赴上海联络,在上海江海关身上被搜出舟山抗日自卫会信封后遭日籍关员拘押至日军宪兵司令部,经多方营救后释放。1941 年 8 月,向其义父南洋华侨富绅卢玉成募集办学经费 6.4 万银元,借用青龙山天主堂余屋创办"沈家门私立克昌小学"。学校命名"克昌",以志纪念卢玉成先翁卢克昌。洪永川先生为校董,聘请天主教神父姚元中为校长。当年招生 120 名左右,设初小四个班,教学内容注重德、智、体,不教日文。开办后校誉斐然,学生逐年增加,成为六年制完全小学,至抗日战争胜利,学生已达 300 余名。1953 年学校由人民政府接管,合并改名为"沈家门第三小学",有班级 8 个,教师 11 名,学生 340 名。洪永川于 1953 年去上海工作。1990 年 6 月在宁波病故。

(洪永川《怀念老友傅雷》,《傅雷与他的世界》第 20 页,《今日普陀——洪永川创办克昌小学追记》2018 年 7 月 19 日,《文史天地》2003 年,《申报》1931 年 11 月 27 日、1932 年 1 月 11 日、1939 年 4 月 1 日,《我存杂志》1935 年 6 期第 56 页)

洪玉廷:字效净,定海人。曾是南洋公学学生。就职于上海龙华水泥厂。

(《南洋大学 30 周年纪念校友录》第 88 页)

洪玉崑:字嵩仙,定海人。曾是南洋公学学生。就职于上海龙华水泥厂。

(《南洋大学 30 周年纪念校友录》第 88 页)

洪昆麟:定海人,1926 年是上海市北公学初二学生。

（《市北月刊》1926 年 7 月 3 期第 49 页）

洪伯雄：1927 年 7 月生，定海人。1951 年新中国法商学院经济系毕业。曾任上海市水产局高级会计师、副总会计师，专长财会、经济管理。

（《上海高级专家名录 第四卷》第 334 页）

洪蔼龄：女，1931 年生，定海人。1946 年在上海私立三育中小学校初中部三年级就读。

（《私立三育中小学校同学录》1946 年冬第 7 页）

洪才根：1934 年生，定海人。1946 年在上海私立三育中小学校初中部一年级甲组就读。

（《私立三育中小学校同学录》1946 年冬第 16 页）

费

费　钧：定海人。1921 年上海复旦大学正科商业科毕业，商学学士。

（《定海县志·选举志》第 2 页，《复旦大学同学录》1932 年第 24 页）

费文品：字明伦，1887 年生，定海人。1931 年上海法学院专门部法律科毕业。在上海江西路 60 号开办律师事务所。

（《上海法学院一览》第 107 页，《申报》1928 年 11 月 1 日）

费名圭：1923 年 11 月生，定海人。1949 年上海诚明文学院商学系毕业。曾任上海市仪表电讯工业局职工大学高级会计师，专长会计教学，从事会计电算化课题研究。

（《上海高级专家名录 第二卷》第 193 页）

唐

唐振铎：1924 年 7 月生，定海人。1948 年毕业于上海震旦大学医学院，获医学博士学位。曾任上海第二医科大学教授，专长消化系统疾病，从事内科学工作。1985 年因"C^{13}美沙西汀呼吸试验研究"获卫生部重大科研成果乙级奖。主要论文有《C^{13}美沙西汀呼气试验对肝病的诊断价值》《吲哚氰绿清除试验对肝病的诊断价值》等 120 篇。

（《上海高级专家名录 第三卷》第 281 页）

唐子行：1924 年 11 月生，舟山普陀人。1948 年上海光华大学政治学系毕业。曾任上海虹口区北虹中学中学高级教师，专长历史教学。

（《上海高级专家名录 第一卷》第 426 页）

唐振邦：1927 年 11 月生，定海人。1947 年上海商学院工商管理系毕业。曾任上海师范大学教授，专长经济管理与外语，从事英语教学工作。主要论文有《使用句子结构转换法教科技英语》等多篇，编著《新编英语（医学、外贸、海运）》等著作 6 本共 60 万字。

（《上海高级专家名录 第三卷》第 139 页）

唐昌星：1933 年生，定海人。1946 年在上海私立三育中小学校初中部一年级甲组就读。

（《私立三育中小学校同学录》1946 年冬第 15 页）

唐百龄：1934 年生，定海人。1946 年在上海私立三育中小学校小学部三年级乙组就读。

（《私立三育中小学校同学录》1946 年冬第 50 页）

姚

姚月丽：女,1932 年生,定海沈家门人。1947 年就读于鄞县三一中学初中春始二年级乙组,1949 年念初中三年级。

（鄞县《三一校刊》1947 年第 4 期第 30 页、1949 第 7 期第 34 页）

贺

贺诵芬：1919 年生,定海人。1934 年是光华大学附中学生,1935 年中学毕业。

（《光华大学四明同学会特刊》1934 年第 31 页）

贺祖耀：1927 年生,定海人。四十年代在舟山中学就读。1950 年中华工商专科学校机械系毕业。1953 年参加中国共产党。1951 年起在上海水泥厂工作,历任技术员、工程科副科长、生产技术科科长,1955 年任生产副厂长。曾主持上海水泥厂扩建改造以及生产技术管理工作,1976 年参与安徽宁国水泥厂前期筹建工作。1977 年调回上海市建材局工作,历任生产技术处副处长,科技处处长,1982 年任副局长。曾参与组织浦东水泥厂新型干法水泥生产线以及耀华皮尔金顿公司浮法玻璃生产线等筹建工作,1990 年退休。技术职称为高级工程师,长期从事水泥工业工作。

（《舟山人在海内外　第二辑》第 115 页,《天南海北舟中人》,《浙江档案数据库》2021 年）

贺申媛：女,1932 年生,定海人。1946 年在上海私立三育中小学校初中部一年级甲组就读。

（《私立三育中小学校同学录》1946 年冬第 14 页）

袁

袁成栋：1907 年生，定海人。1921 年就读于澄衷学校高等小学一年乙级。

（《澄衷》1921 年 1 期第 162 页）

袁汉皋：定海人。1926 年是上海市北公学初一学生。

（《市北月刊》1926 年 3 期第 51 页）

袁定星：定海人，中华职业教育社永久会员。

（《中华职业教育社讯》1948 年 41/42 期第 5 页）

袁先福：1926 年 9 月生，舟山人。1947 年中国纺织工学院纺织染科毕业。曾任上海第三十一棉纺织厂高级工程师、副总工程师，专长棉纺织。

（《上海高级专家名录 第二卷》第 481 页）

袁雅芳：女，1928 年 10 月生，定海人。1949 年复旦大学统计专修科毕业。曾任上海市统计局高级统计师，专长国民经济综合平衡统计。

（《上海高级专家名录 第四卷》第 681 页）

袁光迪：1928 年 12 月生，定海人。1952 年毕业于清华大学电机系。曾任上海宝山钢铁总厂高级工程师，专长大电机设计研制。

（《上海高级专家名录 第二卷》第 746 页）

袁兆熊：1945 年生，定海籍，上海出生，父亲袁世伟。曾就读于圣约翰中学，初三转学至育才中学，高中就读于南洋模范中学。后考入上海交通大学通讯专业。曾进入电信局实习，毕业后被分配到位于闵行的一机部的部属中专（现升格为上海电机学院）任教师。

（澎湃新闻《袁永定后人忆教育经历与移民》）

袁兆熊旧照

袁琼华：后改名鹤鸣，1939 年 10 月生，定海籍，上海出生，袁世伟长女。1949 年在圣玛利亚女中就读，后考入上海外国语学院，先学俄文后改学英语，并留校任教，后晋升为副教授。现移民海外。

（《上海高级专家名录 第三卷》第 104 页，澎湃新闻《袁永定后人忆教育经历与移民》，《圣玛利亚女校 1881—1952》第 284 页，《追忆圣码利亚女校》第 229 页）

袁琼瑛：定海籍，上海出生，袁世伟次女。曾在圣玛利亚女中就读，后毕业于华东化工学院（现华东理工大学）抗生素工学系，毕业后就职于中美合资的施贵宝药业有限公司，任高级工程师、总工程师。退休后移居海外。

（《上海高级专家名录 第二卷》第 529 页，澎湃新闻《袁永定后人忆教育经历与移民》，《圣玛利亚女校 1881—1952》第 284 页，《追忆圣码利亚女校》第 229 页）

夏

夏必盛：字瑞芳，定海人。曾就读于南洋公学。

（《交通部上海工业专门学校——南洋公学二十周年纪念》第 31 页，《南洋大学三十周年纪念校友录》第 104 页）

夏雷宏:1903 年生,定海人。1933 年 9 月担任中法国立工学院庶务助理。

（《中法国立工学院院刊》第一期 1934 年第 18 页、第 228 页,《中法国立工学院教职员学生一览》1935 年第 7 页）

夏雷宏任庶务助理时的照片

夏定耀:1908 年 8 月生,定海人。1932 年上海交通大学土木工程系毕业。曾任上海航道局高级工程师,专长土木工程、航道疏浚。

（《上海高级专家名录 第四卷》第 19 页）

夏润官:定海人,定海城关帅旗弄人。1933 年持志中学文科毕业,曾是箭队篮球队主力队员。

（《持志年刊》1933 年第 8 期第 189 页、第 305 页）

夏润官旧照

夏联珍:定海人。1943 年 6 月毕业于上海美术专科学校西洋画系。

（《恰同学少年（上）:上海美术专科学校档案史料丛编》第 457 页）

夏绿漪:女,定海人。曾就读于启秀中学,1945 年沪江大学文学院教育系文学学士。有诗《赋别沪江》《四时感赋》,擅长书法,试教于沪江附中。1947 年赴美国留学。曾任舟山中学上海同学会理事。

（《沪江年刊》1945 年第二十八卷第 49 页,《舟山文史资料 第二辑》第 144 页）

夏绿漪毕业照片

夏定海:1927 年 7 月生,定海人。1940 年肄业于上海南洋模范中学。1950 年上海交通大学土木系毕业。曾任上海机械学院副教授,专长力学,从事复合材料力学研究。

（《上海高级专家名录 第三卷》第 119 页,《舟山人在海内外 第一辑》第 188 页）

夏信孚:1931 年生,定海虾峙人。1948 年定海中学初中毕业,后进入潮州高中就读。

（定海县立中学 1948 级级友会《正风刊》第 21 页）

顾

顾正诚:1912 年生,定海西大街人,1930 年是浦东中学高三学生。

(《浦东期刊》1930 年 15 期第 230 页)

顾永才:1914 年 6 月生,定海人。1942 年延安抗大和军事学院毕业。曾任上海市政工程研究所高级建筑师,专长军事工程、地形与筑城。离休。

(《上海高级专家名录 第四卷》第 208 页)

顾学智:1929 年生,定海沈家门人,顾孙谋长子,顾学勇的大哥。1947 年就读于鄞县三一中学高中春始三年级。

(鄞县《三一校刊》1947 年第 4 期第 21 页)

顾学仁:1932 年生,定海沈家门人,顾学勇二哥。1947 年就读于鄞县三一中学初中秋始二年级,1949 年念三年级。

(鄞县《三一校刊》1947 年第 5 期第 41 页、第 8 期第 30 页)

顾榴亭:1932 年生,定海沈家门人。1947 年就读于鄞县三一初中春始一年级,1949 年念三年级。

(鄞县《三一校刊》1947 年第 4 期第 34 页、1947 年第 7 期第 36 页)

顾学勇:1935 年生,定海沈家门人,妻子张芸芳。1949 年就读于鄞县三一初中春始一年级。

(鄞县《三一校刊》1949 年第 8 期第 36 页)

柴

柴常华:1905 年生,定海人。1921 年就读于澄衷学校高等小学一年甲级。

（《澄衷》1921 年 1 期第 160 页）

柴志坚：定海人。1926 年在南洋公学初中一年级就读。

（《南洋大学 30 周年纪念校友录》第 233 页）

钱

钱立钧：1901 年生，定海人。1940 年就读于中国纺织工程学校，后就读于雷士德学院。1928 年起先后创办上海雨布雨衣织染厂、华伦帆布织造厂、大鸣染织厂、上海西服店任经理，生产"象牌"雨衣、内衣面料。曾任上海市帆布业公会、国货工厂联合会、定海旅沪同乡会理事。1946 年捐资创办定海时疫医院。

（《近代上海甬籍名人实录》第 284 页，《舟山文史资料 第二辑》第 139 页，《世纪回顾中国纺织工学院纪念文史集 1938—1952》第 184 页）

钱少甫：1903 年生，定海人。1928 年环球中国学生会夜校毕业生。

（《环球中国学生会周刊》1928 年 7 月 24 日）

钱　华：1905 年生，定海北门小余桥下钱健房人。1921 年就读于澄衷学校初中二年甲级。

（《澄衷》1921 年 1 期第 129 页）

钱江侯：1910 年生，定海北门小余桥钱健房人。1945 年任浙江省立绍兴中学事务组长。

（《绍兴中学师生通讯录》1945 年第 3 页）

钱江鸿：1911 年生，定海人。定海中学毕业，1931 年在宁波旅沪同乡会第四小学科任教员。

（《宁波旅沪同乡会月刊》1931 年第 100 期第 18 页）

钱国华：1915 年生，原名陈盛良，又名陈宝全，化名陈平，定海城关人，革命烈士。自幼随父前往上海就学，15 岁因经济拮据辍学。

1938年9月加入中国共产党,11月调至苏南澄锡虞地区,以教书开办工人夜校为掩护在锡北地区负责党的地下工作。1940年9月,中共澄锡虞地区工作委员会成立,任工委委员。先后兼任王庄办事处主任、中共澄东工委书记和虞西行署主任等职。为建立各种抗日协会和乡村民主政权、实行"二五"减租、开辟澄东抗日根据地而积极工作。1941年3月27日,钱国华带领虞西常备队在顾山以东与日伪军作战,英勇牺牲。

（《新四军和华中抗日根据地 人物辞典（下）》第860页,《东海铁流》第76页,《中国共产党江苏省江阴市组织史资料（1925.5—1987.10）》第21页,《新四军在江阴》第155页）

钱炜卿:1919年生,定海人。1938年秋就读于复旦大学附中学高中,1941年夏毕业,成绩被评为甲等。

（《钱炜卿学生成绩一览表》）

钱佩娟:定海人,钱如山的女儿,钱达三的侄女,母亲是厉汝燕的妹妹厉汝翠,丈夫是黄循祥。1945年就读于上海西藏路摩乐堂学校,学习西文和会计两年。

（黄建东《淡泊人生》第16页）

钱长卿:定海人。1947年是中华职业教育社普通会员。

（《中华职业教育社讯》1947年38—39期第7页）

钱明亮:1930年生,定海城关人。1948年定海中学初中毕业,后进入鄞县县立中学就读。

（定海县立中学1948级级友会《正风刊》第22页）

钱会友:1930年生,定海东美里聚魁弄人。1948年定海中学初中毕业,后进入上海高中就读。

（定海县立中学1948级级友会《正风刊》第23页）

倪

倪承恩：1908 年生,定海人。1921 年就读于澄衷学校国民科三年乙级。

（《澄衷》1921 年 1 期第 179 页）

倪庆丰：1910 年生,定海人。1927 年是上海总商会商业夜校学员。

（《商夜年刊》1927 年 2 期第 145 页）

倪景楣：1918 年生,定海人,倪子俞大姐,先生是宁波人方殿章。从宁波效实中学毕业后进入上海英文打字学校,后在上海福洋洋行工作。曾由东南大学英文系转学至暨南大学,因无力支付学费,转到苏州美专。曾在天津大学、上海同济大学任教。

（倪子俞《人生苦旅》）

倪志青,1919 年生,定海人,倪子俞大哥,妻子是王佩君。宁波效实中学毕业后进入上海东南医学院,曾任云南滇缅公路卫生处医生。中华人民共和国成立后在芜湖戈砾山医院担任神经科主任,1984 年去世。

（倪子俞《人生苦旅》）

倪雅吟：1919 年生,定海人,倪子俞二姐,丈夫是香港人钱公铸。曾就读于上海晓光中学,从上海女子中学高中毕业后,保送至浙江大学地质系。后定居加拿大。

（倪子俞《人生苦旅》）

倪庆奎：1922 年 11 月生,定海人。1950 年上海东南医学院医疗系毕业。曾任上海第五化学纤维厂医院副主任医师,专长内儿科。

（《上海高级专家名录 第二卷》第 390 页）

倪之嘎：1933 年生,定海岑港涨次人。1946 年 1 月就读于宁波效实中学初中秋始一年级乙组。

（《效实学生》1947 年复刊号第 185 页）

徐

徐良弼:定海人。1925 年上海圣约翰中学毕业,1927 年是光华高中辛未级学生,美术研究会书记,摄影作品曾获奖。

(《光华年刊》1927 年第 2 期第 132 页,《圣约翰大学附属中小学回忆集》第 203 页)

徐良弼读书时的照片

徐　安:字志皋,定海人。由沪江大学预科毕业转入,沪江大学社会学系文学学士,辅修商科。爱好体育、辩论会和青年歌咏,曾任《青年手册》总理、广告主任,学校宁波同乡会会长。

(《沪江年刊》1926 年第 11 卷第 144 页)

徐安毕业照片

徐厚兴：定海人。1935年上海光实中学毕业。

（《光实中学二四年毕业纪念刊》1935年）

徐德清：1920年生，定海人。1939年7月毕业于上海美术专科学校艺术师范科。

（《恰同学少年（中）：上海美术专科学校档案史料丛编》第465页）

徐德隆：1921年8月生，舟山人。1948年毕业于上海圣约翰大学医学院，获医学博士学位。曾任上海第二医科大学教授、主任医师。专长神经内科、老年病学，从事神经病学研究工作。主要论文有《脯亮甘酰胺对帕金森病的作用机制》《脯亮甘酰胺对MPTP多巴胺神经毒性的部分保护作用》等20篇，编著有《癫痫临床与脑电图的关系》等共20万字。曾兼任中华医学会老年病学上海分会副主任委员，获部级以上科技进步奖7项。

（《上海高级专家名录 第三卷》第280页）

徐锦华：1923年3月生，定海人。1941年上海雷士德工艺学院土木建筑系毕业。曾任上海交通大学杂志编辑部副编审，专长建筑、工程图学彩色绘画。

（《上海高级专家名录 第三卷》第604页）

徐槐英：女，定海人。曾就读于上海清心女中，1947年沪江大学文学院教育系毕业。

（《沪江年刊》1947年第45页）

徐槐英毕业照片

徐　昂:定海人。1947年上海法政学院法律系毕业。

（《上海法政学院毕业同学录》1947年第64页）

徐筱英:女,定海人。1950年沪江大学中文系毕业。

（《沪江年刊》1950年第10页）

徐筱英毕业照片

徐　风:字民德,1929年12月生,展茅路下徐村人,父亲徐能成。杭州大学毕业,曾在中小学任教,1977年至1990年先后任定海县、舟山市教委教研室中学语文教学研究员。1988年评为中学高级教师。1990年退休。

（《展茅镇志》第109页,《展茅路下徐徐氏宗谱》第87页、第115页）

徐学礼:定海人。1946年南洋中学毕业。

（《南洋中学1946级毕业纪念刊》）

《南洋中学 1946 级毕业纪念刊》对徐学礼的记载

徐少雄:1932 年 6 月生,定海人,母亲方氏。上海晋元中学初中毕业,1947 年 9 月进入上海晋元中学高中就读,1949 年春退学。

(《上海晋元中学学籍卡》)

徐少雄学籍卡上的照片

徐祖祥:1934 年生,定海人。1946 年就读于上海私立三育中小学校小学部四年级甲组。

(《私立三育中小学校同学录》1946 年冬第 37 页)

徐祈祥:1936 年生,定海人。1946 年就读于上海私立三育中小学校小学部四年级甲组。

(《私立三育中小学校同学录》1946 年冬第 38 页)

殷

殷鸿梁：1933年3月生，舟山人。1953年上海交通大学动力机械系毕业。曾任上海工业大学教授，专长机械原理，从事机械学、机构学研究。曾任上海机构学会副理事长，发表过多篇论文和著作。

（《上海高级专家名录 第三卷》第29页）

翁

翁瑞定：又名世畴，1895年生，定海展茅横街人。1921年南洋大学毕业。曾供职郑州禁烟（鸦片）督察处，任处长，抗战时期迁往重庆。抗日战争胜利后，因反对国民党发动内战被监视。1945年在重庆病逝。

（《展茅镇志》第132页，《浙江古今人物大辞典续编》第499页）

翁性初：定海沈家门人，1933年是上海中医学院二年级学生，1936年毕业，毕业论文为《疟疾的研究》。1950年前往台湾，是台湾有名的中医师，曾任台北市舟山同乡会常务理事。

（《上海中医学院年刊》1934年第288页、1936年第33页、1936年第275页）

翁性初旧照

高

高秉衡:定海人。1951 年 2 月上海圣约翰大学外文系毕业,文学学士。
(《上海圣约翰大学(1879—1952)》第 516 页,《昌国文博》第 153 页)

高秉衡毕业照

郭

郭银杏:女,1931 年生,定海沈家门人。1947 年就读于鄞县三一初中春始二年级乙组。

(鄞县《三一校刊》1947 年第 4 期第 30 页)

郭凤梅:女,1932 年生,定海沈家门人。1947 年就读于鄞县三一初中春始一年级乙组。

(鄞县《三一校刊》1947 年第 2 期第 69 页》)

郭琴梅:女,1932 年生,定海沈家门人。1947 年就读于鄞县三一初中春始一年级乙组。

黄

黄铁明：字任土，1911 年生，定海人。1921 年就读于澄衷学校国民科四年甲级。1923 年小学六年级毕业，同年进入小学六年乙级。1925 年高小毕业，1926 年就读于初二乙级。

（《澄衷》1921 年 1 期第 168 页、1923 年 5 期第 97 页、1925 年 8 期第 104 页、1926 年 11 期第 114 页）

黄庆余：1912 年生，定海人。1921 年就读于澄衷学校国民科三年甲级。

（《澄衷》1921 年 1 期第 173 页）

黄继清：1928 年 3 月生，定海人。1951 年上海大同大学电机系毕业。曾任上海市电器技术研究所高级工程师，专长电器、成套配电装置。

（《上海高级专家名录 第二卷》第 283 页）

黄渭洪：1929 年生，定海秀山海岙人。1948 年定海中学初中毕业，后进入上海闸北肇和中学就读。

（定海县立中学 1948 级级友会《正风刊》第 22 页）

黄云山：1932 年生，定海人。1947 年就读于鄞县三一中学初中秋始一年级丁组。

（鄞县《三一校刊》1947 年第 2 期第 74 页）

黄月舫：1932 年生，定海人。1952 年毕业于震旦大学法学院会计专修科。

（《震旦大学校刊》1952 年）

黄光华：1932 年生，定海岱山人。1947 年就读于鄞县县立临时联合中学初春一年级。

（《鄞中学生》1947 年 2 期第 153 页）

黄训铭：1932 年生，定海人。1950 年上海市东中学附设夜中学初中部普通科初三年级毕业。

（《上海市东中学 1950 年毕业生呈报表》）

曹

曹义康：1912 年生，定海人。1926 年就读于澄衷学校初中一年乙级。

（《澄衷》1926 年 11 期第 119 页）

曹伯中：定海人。1935 年沪江大学商业管理系一年级。

（《私立沪江大学一览》1936 年第 226 页）

曹仲华：舟山人。1936 年在上海市立敬业中学校读初中一年级。

（《敬中学生期刊》1936 年 1 月创刊号第 334 页）

曹梅丰：1929 年生，定海人。1949 年上海育才中学毕业，后升入之江大学工木系。

（《之江大学同学录》1949 年第 62 页）

曹梅讯：1932 年 12 月生，定海人。1953 年南京大学生物系毕业。曾任中国科学院上海昆虫研究所研究员，专长昆虫生理生化，开展昆虫休眠机制、蚕的综合利用研究。1978 年因天花粉蛋白中期引产原理获全国科学大会奖。

（《上海高级专家名录 第一卷》第 105 页）

龚

龚长庆：字子延,定海人。1913 年交通部上海工业专门学校(原名南洋公学)中学四年级毕业,曾在邮政局工作。

(《南洋(上海 1915)》第 2 期第 225 页,《交通部上海工业专门学校——南洋公学二十周年纪念》第 166 页,《南洋大学 30 周年纪念校友录》第 188 页、第 207 页)

龚国路：1931 年 7 月生,定海人。1947 年上海越旦中学高中毕业。曾任上海《文汇报》主任编辑,专长新闻采写、编辑。

(《上海高级专家名录 第四卷》第 510 页)

崔

崔仁寿：字子和,岱山东沙角人。1918 年上海南洋大学戊午级毕业。

(《南洋旬刊》1925 年第 6 期第 6 页)

盛

盛润之：1930 年生,定海人。1947 年就读于浙东中学高秋一年级。

(《浙东校刊》1947 年 4 期第 26 页、第 75 页)

盛佑之：1932 年生,定海人。1947 年就读于浙东中学初秋三年级。

(《浙东校刊》1947 年 4 期第 28 页、第 76 页)

盛适之：1935 年 9 月生,定海人。1947 年就读于浙东中学初秋一年级甲组。1957 年就读于北京钢铁学院采矿系。后任上海市地震局高级工程师,从事基建管理工作。

(《浙东校刊》1947 年 4 期第 31 页,《上海高级专家名录 第一卷》第 227 页)

康

康荣昌:定海城关留芳井人。1947 年是中华职业教育社普通会员,从事商业。

(《中华职业教育社讯》1947 年 38/39 期第 8 页)

章

章龙生:1933 年生,定海岱山人。1947 年就读于鄞县立临时联合中学初春一年级。

(《鄞中学生》1947 年 2 期第 153 页)

屠

屠秀琴:女,1933 年生,定海人。1949 年就读于鄞县三一初中春始三年级。

(鄞县《三一校刊》1949 年第 7 期第 34 页)

董

董其章:1926 年 11 月生,定海人,九三学社会员。1948 年 7 月上海美术专科学校工艺图案画组（五年制）毕业。后从上海科学教育电影制片厂退休，二级美术设计师，专长工艺美术、室内装潢、电影美术。

（《恰同学少年（中）：上海美术专科学校档案史料丛编》第477页，《上海高级专家名录 第四卷》第381页）

董其章旧照

董尊经：1928年2月生，定海人。1952年毕业于清华大学土木系。曾任上海宝钢冶金建设公司高级工程师，专长冶金工厂结构、管道安装。

（《上海高级专家名录 第二卷》第754页）

董泳棠：定海人，1928年春由汉口辅德高中转入持志中学高二年级，1929年春高中毕业。

（《持志年刊》1929年第四期第162页）

董泳棠照片与简介

董厚璋:1913 年生,定海东门庆安桥人。南洋中学庚午级学生,1935 年就读于沪江大学理学院化学系四年级。1985 年任宁波旅港同乡会副监事长。

(《南洋中学庚午年刊》第 6 页,《私立沪江大学一览》1936 年第 220 页,《沪江年刊》1935 年第 105 页,《宁波帮大辞典》第 305 页)

董厚璋毕业照

蒋

蒋守伯:1907 年上海圣约翰大学毕业,1908 年留学美国伊利诺大学习农科兼教育科,毕业后转至鲁齐爱那什大学农学特科,获农学硕士学位。

（《定海县志·选举志》第 2 页，《教育公报》1917 年 16 期第 91 页）

蒋望禹：1902 年生，定海人。1920 年就读于澄衷学校初中三年级，1920 年 7 月中学毕业。后就读于天津南开大学。

（《澄衷中学己未四年级学生艺业》第 86 页，《澄衷》1922 年 2 期第 98 页）

蒋望平：1904 年生，定海人。1919 年就读于澄衷学校初中一年甲级，1922 年 7 月旧制中学四年级毕业，同年进入天津南开大学。1931 年 5 月在南京新街口开办聚兴诚银行。1947 年在上海中山东路 12 号汇丰大楼合办世界物产保险公司。

（《澄衷中学己未四年级学生艺业》第 90 页，《澄衷》1921 年 1 期第 124 页、1922 年 2 期第 73 页，《澄衷校史资料（第一卷）》第 223 页，《中华童子界》1914 年 4 号第 60 页，《南京社会特刊第 3 册》第 36 页，《上海金融业概览》1947 年第 428 页，《全国银行年鉴 1934》第 1385 页）

蒋守刚：又名守岗，字松亭，1904 年生，定海人。1920 年就读于澄衷学校初中一年甲级，1922 年 7 月旧制中学四年级毕业。

（《澄衷中学己未四年级学生艺业》第 90 页，《澄衷》1921 年 1 期第 125 页、1922 年 2 期第 73 页，《澄衷校史资料（第一卷）》第 223 页）

蒋望宪：1908 年生，定海人。1922 年就读于澄衷学校初中一年甲级，1924 年 7 月念中学四年级，1926 年 7 月旧制中学毕业。1930 年圣约翰大学文学学士毕业。

（《澄衷》1921 年 1 期第 134 页、1924 年 7 期第 78 页，《澄衷校史资料（第一卷）》第 224 页，《上海圣约翰大学（1879—1952）》第 458 页）

蒋望萱：1910 年生，定海人。1920 年就读于澄衷学校国民科四年甲级，1923 年 7 月小学毕业。1926 年 16 岁初中三年级甲级毕业。

（《澄衷》1921 年 1 期第 168 页、1923 年 6 期第 215 页、1926 年 11 期第 110 页）

蒋周顺：定海金塘人。1930 年就读于澄衷学校三三制春始初中一年级,1933 年毕业。

(《澄衷半年刊》1930 年夏第 170 页、1933 年 10 期第 37 页)

蒋照仁:1925 年 10 月生,定海人。1945 年上海沪江大学化学系肄业,1954 年从中苏友好协会俄文学校毕业。曾任上海译文出版社副编审,专长外文翻译、词典编写、编辑。

(《上海高级专家名录 第四卷》第 492 页)

蒋启迪:1926 年 2 月生,定海人。1949 年上海大同大学电机系毕业,工学学士。曾任上海市政工程设计院高级工程师,专长电气技术、供配电设计。

(《上海高级专家名录 第四卷》第 217 页)

蒋启光:1928 年 12 月生,定海人。1951 年上海大同大学电讯系毕业。曾任上海市内电话局高级工程师、副总工程师,专长电信技术管理。

(《上海高级专家名录 第四卷》第 68 页)

韩

韩振鹇:字振耕、种耕,1909 年生,定海人,1929 年就读于浙江省立水产科职业学校渔捞正科三年级。抗战时期任国民党空军情报总台定海县外岛负责人,负责重庆上海空军情报工作,为上海特派员、负责人。曾任国民党岱山空军服务处空军监察总队上校。1949 年秋携夫人朱小梅前往台湾,后移居美国。

(《浙江省立水产科职业学校校刊》第 330 页,《定海名门》第 203 页,《定海历史名人传录》第 202 页,《定海旅台人物录》第 178 页)

韩襄周:字湘舟,定海人。1911 年杭州法政学堂毕业。

(王亨彦《锐庐思痛记》第 49 页、第 52 页、第 58 页)

程

程祥荪:1910 年生,定海人。1921 年就读于澄衷学校国民科三年乙级。

(《澄衷》1921 年 1 期第 178 页)

程知新:1940 年生,定海人。1951 年 9 月上海私立正英小学毕业,后成为上海市复旦大学附属中学初中一年级的插班生,成绩记录至初一第二学期。

(《上海复旦中学学生卡成绩表》)

傅

傅贤灼:1909 年生,定海小沙庄人。历任上海泰源燃料公司、顺大皮行总经理,大雄书局经理,大雄义务中学董事,世界佛教居士林理事,上海佛教青年会理事,大光明制革厂经理,合记皮号总经理。

(《近代上海甬籍名人实录》第 336 页,《宁波帮大辞典》第 221 页,《觉有情》1942 年 62/63 期第 12 页)

傅方钧:1913 年生,定海人。1926 年就读于澄衷学校初小三年丙级。

(《澄衷》1926 年 11 期第 138 页)

傅湘卿:1924 年 9 月生,定海人。1944 年贵阳大夏大学中文系肄业。曾任上海长宁区教育学院中学高级教师,专长英语教学。

(《上海高级专家名录 第一卷》第 341 页)

舒

舒瑞元：1904 年生，定海人。1921 年就读于澄衷学校高等小学三年乙级。

（《澄衷》1921 年 1 期第 148 页）

舒瑞亨：1906 年生，定海人。1921 年就读于澄衷学校高等小学三年甲级。

（《澄衷》1921 年 1 期第 145 页）

舒名灏：字湘洲，1908 年生，定海人。1921 年就读于澄衷学校高等小学三年甲级，1922 年 7 月毕业。1923 年就读于商业科一年级。1926 年 7 月上海文生氏英文专门学校预科班毕业。

（《澄衷》1921 年 1 期第 146 页、1922 年 2 期第 78 页，《申报》1926 年 7 月 1 日）

舒照豪：定海人。1935 年上海光实中学初三毕业。

（《光实中学二四年毕业纪念刊》第 66 页）

舒照豪毕业纪念刊上的照片

舒明璐:女,定海皋泄人。1952年上海私立圣玛利亚书院女校初中三年级乙级毕业。

（《圣玛利亚女校 1881—1952》第 284 页）

舒明玲:女,定海皋泄人。1952年上海私立圣玛利亚书院女校初中二年级甲级毕业。

（《圣玛利亚女校 1881—1952》第 285 页）

舒明蓓:女,定海皋泄人。1952年上海私立圣玛利亚书院女校初中二年级甲级毕业。曾在上海医学专科学校工作。

（《圣玛利亚女校 1881—1952》第 285 页）

童

童信立:1908年,定海秀山人。1928年是宁波民强中学初中四年级学生。

（《民强中学校刊》1928 年 6 月第 100 页）

童行端:1930年生,定海兰秀乡人。1947年就读于浙东中学高春二年级。

（《浙东校刊》1947 年 4 期第 25 页）

曾

曾　权:1929年生,定海人。1950年就读于之江大学工学院土木工程系三年级。

（《之江大学同学录》1950 年春第 20 页）

谢

谢汉琳：1906 年生，定海人。1923 年 7 月从澄衷小学七年级乙组毕业，同年就读于初中商业科一年乙级，1926 年毕业。

（《澄衷》1923 年 4 期第 96 页、1924 年 7 期第 88 页，1926 年 11 期第 119 页）

蓝

蓝宗相：字季宅，1901 年生，定海人。上海招商中学毕业，1930 年 8 月任宁波旅沪同乡会第四小学教员、检定教师，从教 6 年。

（《宁波旅沪同乡会月刊》1930 年 11 月第 88 期第 42 页）

蓝叙良：1910 年生，定海人。1930 年就读于上海中学校高中商科三年级。曾任上海大丰化工厂工程师，1959 年发明用盐酸清除锅炉水垢。

（《上海中学校一览》1930 年第 299 页，《化学世界》1959 年第 9 期第 441 页）

蓝鸿泰：女，1926 年 6 月生，定海人。1950 年毕业于上海震旦大学医学系。曾任上海第二医科大学主任医师，专长临床微生物，从事医学检验学工作。主要论文有《烧伤时的细菌快速培养及抗菌素敏感试验》《175 株肺炎链球菌的血清分型及敏感试验》等 12 篇，合著有《现代临床实验诊断学》《新编检验方法》等 6 本共 88 万字。

（《上海高级专家名录 第三卷》第 284 页）

萧

萧宗惠：1906 年生，定海人。1921 年就读于澄衷学校高等小学三年乙级，1922 年 7 月毕业。1927 年成为上海总商会商业夜校学员。

（《澄衷》1921 年 1 期第 148 页、1922 年 2 期第 77 页，《商夜年刊》1927 年 2 期第 146 页）

萧宗茂：1907 年生，定海城关人。1921 年就读于澄衷学校初中一年甲级。

（《澄衷》1921 年 1 期第 141 页）

裘

裘癸年：岱山东沙铁板沙毛家弄人。1947 年就读于浙东中学初秋一年级甲组。

（《浙东校刊》1947 年 4 期第 32 页）

虞

虞善彰：1911 年生，定海人。1921 年就读于澄衷学校国民科三年甲级，1925 年毕业。1926 年就读于初中商业科二年级。1929 年 7 月四二制商业科毕业。

（《澄衷》1921 年 1 期第 175 页、1925 年 8 期第 102 页、1926 年 11 期第 121 页，《澄衷校史资料（第一卷）》第 225 页）

虞显金：1912 年生，定海人。1924 年就读于澄衷学校小学二年甲级。1930 年进入三三制中学一年甲级，1931 年中学二年甲级在读。

（《澄衷》1924 年 7 期第 103 页,《澄衷半年刊》1930 年春第 163 页、1931 年春第 205 页）

虞丕臣:1929 年生,定海道头人。1948 年定海中学初中毕业,后考入鄞县三一中学,就读于高中秋始一年级。

（鄞县《三一校刊》1949 年第 8 期第 29 页,定海县立中学 1948 级级友会《正风刊》第 23 页）

蔡

蔡同萱:1907 年生,定海人。1921 年就读于澄衷学校高等小学一年甲级。1923 年就读于商业科一年甲级。

（《澄衷》1921 年 1 期第 159 页、1923 年 5 期第 90 页）

蔡同萼:1908 年生,定海人。1921 年就读于澄衷学校高等小学一年乙级。1923 年就读于商业科一年乙级。

（《澄衷》1921 年 1 期第 163 页、1923 年 5 期第 93 页、1924 年 7 期第 90 页）

蔡同庆:1910 年生,定海人。1921 年就读于澄衷学校国民科四年甲级。1923 年小学六年级毕业。

（《澄衷》1921 年 1 期第 168 页,1923 年 5 期第 95 页、6 期第 214 页）

蔡体道:1910 年生,定海人。1921 年就读于澄衷学校国民科一年级。1923 年就读于小学二年级甲级。1927 年成为上海总商会商业夜校学员。

（《澄衷》1921 年 1 期第 185 页、1923 年 5 期第 110 页,《商夜年刊》1927 年 2 期第 143 页）

蔡同华:1912 年生,定海人。1926 年就读于澄衷学校高小一年甲级。

（《澄衷》1926 年 11 期第 128 页）

鲍

鲍裕章：定海岱山人。1947 年就读于浙东中学初秋二年级甲组。

（《浙东校刊》1947 年 4 期第 28 页）

缪

缪大诚：1909 年生，定海人。1926 年就读于澄衷学校初中二年甲级。

（《澄衷》1926 年 11 期第 113 页）

缪承禧：1930 年 2 月生，舟山人。1952 年江苏医学院毕业。曾任上海华东医院主任医师、内科主任，专长心内科、心血管病。

（《上海高级专家名录 第四卷》第 558 页）

缪民强：1932 年 12 月生，定海沈家门人。1947 年就读于鄞县三一中学初中春始一年级乙组。1961 年西安军事电讯工程学院无线电通讯工程系毕业。曾任上海交通大学副教授，专长移动通信、数字通信。1984 年，准双工技术和单工电台插话器获中国船舶工业总公司重大科技成果三等奖。1985 年，同频双工电台和小型化准双工器获电子工业部科技成果二等奖。

（鄞县《三一校刊》1947 年第 2 期第 71 页，《上海高级专家名录 第三卷》第 616 页）

缪开达：1935 年生，定海人。1949 年就读于鄞县三一中学初中春始二年级。

（鄞县《三一校刊》1949 年第 8 期第 33 页）

滕

滕仲芳：1930 年生，沈家门（一说镇海）人。1947 年就读于浙东中学高秋一年级。著有《海岛灭蚊队》。

（《浙东校刊》1947 年 4 期第 26 页、第 74 页）

颜

颜舜玉：定海人。上海圣约翰大学毕业。曾任咸康华行部经理，进口无线电零件等。1918 年提议建立定海旅沪同乡会，并多次捐资建立县立女校和定海公学。

（《近代上海甬籍名人实录》第 360 页，《定海县志》第 685 页，《舟山文史资料 第 2 辑》第 125 页）

颜英弟：女，定海人。上海民立女子中学毕业，1933 年任东南医学院附属医院护士。

（《东南医学院八周纪念刊》1933 年第 30 页）

薄

薄法种：1910 年生，定海人。1927 年成为上海总商会商业夜校学员。

（《商夜年刊》1927 年 2 期第 143 页）

戴

戴成垣：字紫卿，定海城北书院弄人。1910 年在定海厅官学读书。1914 年从交通部上海工业专门学校（原名南洋公学）中学四年级毕业，曾任济南祥泰木行经理。

（《浙江教育官报》1910 年第 100 页，《南洋大学 30 周年纪念校友录》第 180 页、第 208 页）

戴成塘：字鳌山，定海人。1915 年交通部上海工业专门学校（原名南洋公学）中学四年级毕业，1916 年进入北洋大学第二部补习班学习。

（《交通部上海工业专门学校——南洋公学二十周年纪念》第 163 页，《南洋大学 30 周年纪念校友录》第 180 页、第 208 页，《北洋大学天津大学校史 1895—1949》第一卷第 515 页）

戴孝忠：1906 年生，定海人。1921 年就读于澄衷学校高等小学二年乙级。1923 年就读于商业科二年级甲级。1926 年商业科毕业。后供职于上海邮政管理局。

（《澄衷》1921 年 1 期第 155 页、1923 年 4 期第 87 页、1924 年 7 期第 87 页、1928 年 8 期第 100 页，《澄衷校史资料（第一卷）》第 224 页，《新光邮票杂志》1948 年）

戴孝忠工作后的照片

戴孝悌:字隆昌,1908年生,定海人。1922年成为澄衷学校国民科四年丙级的插班生,1923年毕业。1925年就读于初中商业科一年级。

(《澄衷》1922年2期第86页、第89页,1923年5期第95页、1925年8期第101页)

戴耐秋:定海城关人。1933年东南医学院旧制二年级肄业。1944年12月参加中国红十字会,在救护总队第四大队42中队第二区队工作,任区队长,配属民众诊所,驻广西柳州文惠路。

(《东南医学院一览》1933年第136页,《抗战时期的中国红十字总会救护总队》第61页)

戴定国:定海人。1935年就读于沪江大学理学院化学系一年级。

(《私立沪江大学一览》1936年第222页)

戴　龟:定海人。1935年是江苏省立水产职业学校第三届预科生。

(《江苏省立水产学报之刊》1935年第50页)

戴闰首:女,1920年生,定海人。1940年上海私立圣玛利亚书院女校初中毕业。1947年从东南医学院毕业。

(《圣玛利亚女校1881—1952》第280页,《东南医学院历届毕业同学录》1949年第60页)

戴兴邦:1921年5月生,定海人。1943年之江大学建筑系肄业。曾任上海教育学院副教授,专长英语。

(《上海高级专家名录　第三卷》第391页)

戴闰范:女,1929年10月生,定海人。1953年上海第一医学院卫生系毕业,1964年获上海第一医学院卫生系硕士学位。曾任上海医科大学副教授,专长环境毒理、遗传毒理。

(《上海高级专家名录　第三卷》第185页)

戴定云:女,1930年生,定海人。1948年上海进德女中毕业。1949年在上海法政学院政治专业一年级下半学期就读。1952年8月上海圣约翰大学教育系毕业,文学学士。

（《进德一九四八年同学级刊》第 39 页,《上海圣约翰大学（1879—1952)》第 522 页,《法政学院三十八年级毕业纪念刊》第 56 页）

戴定云毕业纪念刊上的照片

戴世樑:1932 年生,定海人。1948 年 8 月由上海市私立粤东中学校初中毕业,转入上海市复旦大学附属中学高中一年级商科,成绩记录至高一第一学期。后高中毕业,参加学生运动。1950 年起在上海、鞍山等地专职从事共青团工作。1970 年调到教育系统工作。处级调研员离休。

（《上海复旦中学学生卡成绩表》,《舟山人在海内外 第二辑》第 184 页）

魏宏基:1932 年生,六横双塘乡青山岙人。1947 年就读于鄞县三一中学初中春始一年级乙组。

（鄞县《三一校刊》1947 年第 2 期第 71 页）

编后语

　　本书按姓氏、年代顺序编写。记录了游学者从小学、初中、高中、大学，甚至出国留学的经历，以及学成后基本从业情况。有的标注了家乡地址、父母、兄弟姐妹和子女情况。以书中之记录，连接起与家乡与家族的联系。在存史基础上，也为旅居人士寻根、研究家族史、编写族谱提供了便利。

　　全书共收集了 906 余位舟山游学者名录，其中有院士 4 位、出洋留学者 65 位、博士 9 位、硕士 41 位，完成大学学业的 479 位。在上海完成学业的占 68%，少部分在宁波、南京、北京、杭州、武汉、重庆等地就读。这些学子中，有的就学经历曲折，有的事业成就灿然，有的人生经历离奇，为此将资料信息掌握全面，且有代表性、家属聚集性的学子事迹编纂为传略，把多数学子的游学信息按时序理成一条，形成游学名录。为方便读者复盘信息出处，在每一名录后，详细标记了刊物名称及页码。

　　在编写过程中得到了市政协领导和相关部门的大力支持。也得到了孙峰、王建富、王伟祥、杨先烘、吴革、郭纪兵、陈文斌、於立斌、王爱勤、舒瑞国、吴岱隆等文史专家和爱好者的热情相助，在此一并致谢。

　　近现代舟山是文化昌盛之区，仅以文献搜索方法，无法一次收集全部游书者资料信息,错漏之处一定很多。为此,希望今后有识之士能一起参与补充修正;也希望广大读者,给予批评和指正。

编　者

2024 年 7 月